Die Gewerkschaft

und ihre Entwicklung

unter dem

Allgemeinen Berggesetz für die Preußischen Staaten

vom 24. Juni 1865.

Von

Rob. Esser II.

Berlin und Leipzig
Verlag von J. Guttentag
(D. Collin).
1883.

Vorwort.

Durch das Allg. Berggesetz für die Preuß. Staaten vom 24. Juni 1865, und seitdem auf dessen Grundlage fast in allen übrigen Deutschen Staaten, sind auf dem Gebiete der Berggesetzgebung wesentliche Neuerungen eingeführt, von denen namentlich das Gewerkschaftsrecht, welches die Rechtsverhältnisse der Mitbetheiligten eines Bergwerks regelt, betroffen worden ist. Diese Aenderungen sind nicht nur für die Gewerkschaften und Bergwerksvereine des neuen, sondern mehr oder weniger auch für diejenigen des älteren Rechts von Bedeutung. Zahlreiche Entscheidungen der Gerichtshöfe, Ministerialerlasse und Bescheide der Bergbehörden haben inzwischen manche zweifelhafte Frage geklärt und festgestellt. Dieselben sind durch die Redaktion der Zeitschrift für Bergrecht (Bonn, bei Adolph Marcus) im Laufe der Jahre sorgfältig gesammelt und veröffentlicht worden.

In dem gegenwärtigen Kommentare zu den auf das Gewerkschaftsrecht bezüglichen Bestimmungen des Vierten und theilweise auch des Eilften Titels des Allg. Berggesetzes, §§ 94—134 und §§ 226—240, wobei abweichende Vorschriften anderer auf gleicher Grundlage beruhenden Deutschen Berggesetze soweit als thunlich Berücksichtigung gefunden haben, sind jene Entscheidungen und Verfügungen unter Angabe von Band und Seite der gedachten Zeitschrift bei Erläuterung der einzelnen Paragraphen bezogen worden, so daß ein Jeder, dem die auszugsweise Mittheilung nicht erschöpfend genug erscheint, in der Lage ist, sich noch eingehender zu informiren.

Die einzelnen zur Erörterung kommenden Gesetzesvorschriften sind in den Text aufgenommen; es folgen dann die erläuternden und kritischen Bemerkungen; jeder Paragraph gelangt demnach für sich erkennbar zur Erscheinung und wird in der bestehenden Reihenfolge behandelt.

Die Arbeit, welche wesentlich praktischen Zwecken dienen soll und in gewissen knappen Grenzen gehalten ist, bringt hoffentlich dem Juristen und Laien für manche auf das Gewerkschaftsrecht bezügliche Frage wünschenswerthes Material. Sie ist der Materie entsprechend in acht Kapitel eingetheilt, denen eine kurze Einleitung vorhergeht.

Cöln, 1883.

Inhalts-Verzeichniß.

Einleitung.

Mehr als jedes andere gewerbliche Unternehmen erfordert der Bergbau neben einer angestrengten, ausdauernden Thätigkeit überaus beträchtliche und nachhaltige Aufwendungen, deren Umfang sich im Voraus nicht einmal annähernd bemessen läßt. Häufig vergehen Jahre, ehe ein rationeller, den Vorrichtungsarbeiten für die Zukunft hinlänglich genügender Betrieb eingerichtet ist. Unvorherzusehende Elementarereignisse aller Art stellen sich entgegen und mannigfache technische Schwierigkeiten über und unter der Erde sind zu überwinden. So werden meist für die möglichen Gewinnchancen in der Zukunft große Opfer von der Gegenwart gefordert. Ja trotz reichlich aufgewendeter Mittel erweisen sich nicht selten die daran geknüpften Hoffnungen als trügerische. Die Erfahrung lehrt, daß für solche Unternehmungen nur ausnahmsweise die That- und Vermögenskraft des Einzelnen ausreicht. Von Altersher hat sich daher auf dem Gebiete des Bergbaues das Associationswesen ausgebildet, wofür in Deutschland vorzugsweise die eigenthümliche Form der Gewerkschaft zur Anwendung gelangte. Sie verdankt ihre Entwicklung wesentlich dem Aufblühen des Erzbergbaues in Kursachsen gegen

Ende des fünfzehnten Jahrhunderts und stellt sich als eine genossenschaftliche Verbindung der Miteigenthümer eines Bergwerks, Gewerken, zum Zwecke dessen Betriebes dar, welche die nöthigen Beiträge, Zubußen, im Verhältnisse ihrer ideellen Betheiligungsquoten, Kuxe, zu leisten haben, dagegen auch an den Ueberschüssen, Ausbeuten, in demselben Verhältnisse Theil nehmen. Die Gewerkschaft besitzt demnach kein festnormirtes Grundkapital, wie beispielsweise die Aktiengesellschaft, ihre Vermögenskraft beruht in den Gewerken, von denen Beiträge eingezogen werden, so oft und so lange sich dazu ein Bedürfniß zeigt. Es fehlt eben die Möglichkeit, bei Beginn des Bergwerks-Unternehmens den Umfang der Anlagen und die dazu erforderlichen Ausgaben festzustellen, und selbst im Laufe der Zeit bleibt die Höhe des nothwendigen Betriebskapitals mehr oder weniger von unberechenbaren Zufälligkeiten abhängig.

Unter den mannigfachen zum Zwecke des Bergwerksbetriebs gebildeten gesellschaftlichen Vereinigungen hat daher naturgemäß die Gewerkschaft als ein spezifisch bergrechtliches Gemeinschaftsverhältniß stets eine vorwiegende Stellung behauptet. Auch die neuere deutsche Gesetzgebung, insbesondere das Allgemeine Berggesetz für die preußischen Staaten vom 24. Juni 1865, dem die Gesetzgebung der meisten anderen deutschen Staaten bald gefolgt ist, hat die Gewerkschaft in ihrer Besonderheit erhalten, gleichzeitig aber ihre Verfassung reformirt und den modernen Gesellschaftsformen mehr angepaßt, und zwar so, daß in Ermangelung eines Vertrages oder Statuts die weitgehenden gesetzlichen Vorschriften Geltung haben. Daneben ist jedoch dem Bergbaue auf dem Gebiete der Assoziation volle Freiheit gewährt, und die Feststellung des gesellschaftlichen Verhältnisses, insbesondere die Wahl irgend einer nach den allgemeinen Gesetzen zulässigen Gesellschaftsform, den Betheiligten überlassen, auch das zivilrechtliche Miteigenthum, welches der Gewerkschaft des älteren Rechts als Grundlage diente, nicht ausgeschlossen worden.

Vor Allem hat diese neuere Gesetzgebung die Gewerkschaft mit den Rechten einer juristischen Person ausgestattet, den Kuxen, welche bis dahin als Idealantheile an dem Bergwerke immobiler Natur waren, die Eigenschaft beweglicher Sachen gegeben, für ihre Eintheilung das Dezimalsystem eingeführt und ihre Untheilbarkeit ausgesprochen.

Leider greift aber die Reorganisation hinsichtlich der Gewerkschaften des älteren Rechts nicht kraft Gesetzes Platz, auf sie finden vielmehr die neuen Bestimmungen nur theilweise Anwendung, insofern die Gewerken sich nicht freiwillig zu einer vollständigen Unterwerfung entschließen. Da Letzteres jedoch, wie die Erfahrung gelehrt hat, nicht in dem gehofften Maaße geschieht, so ist ein zu Irrungen und Täuschungen geeigneter, dem betheiligten Publikum unliebsamer Zwitterzustand geschaffen, welcher dem Institute der Gewerkschaft im Allgemeinen das Vertrauen raubt, das dasselbe verdient.

Das mit dem 1. Oktober 1865 für die preuß. Staaten in Kraft getretene Allg. Berggesetz ist in das Gebiet des vormaligen Herzogthums Nassau und in die mit der preuß. Monarchie vereinigten Landestheile der Großherzogl. hessischen Provinz Oberhessen, sowie in das Gebiet der vormaligen Landgrafschaft Hessen-Homburg einschließlich des Oberamtsbezirks Meisenheim seit dem 1. April 1867, — in das Gebiet des vormaligen Königreichs Hannover und in das mit

1*

der preuß. Monarchie vereinigte Gebiet des vormaligen Kurfürstenthums Hessen und der vormaligen freien Stadt Frankfurt, sowie der vormals Kgl. bayerischen Landestheile seit dem 1. Juli 1867, — in das Gebiet des Herzogthums Lauenburg seit dem 1. Juli 1868, — in die Fürstenthümer Waldeck und Pyrmont seit dem 1. Januar 1869, und in das Gebiet der Herzogthümer Schleswig und Holstein seit dem 1. April 1869 eingeführt.

Das für das Herzogthum Braunschweig mit dem 1. Oktober 1867 in Kraft getretene Berggesetz schließt sich an das Preuß. Berggesetz auf das Engste an.

Die seit 1. Januar 1869 für das Herzogthum Sachsen-Meiningen, seit 1. Juli 1869 für das Königreich Bayern, seit 1. Januar 1871 für das Fürstenthum Reuß, seit 25. April 1872 für das Herzogthum Sachsen-Altenburg, seit 1. April 1874 für Elsaß-Lothringen, seit 14. Dezember 1874 für das Königreich Württemberg, seit 1. Juli 1875 für das Herzogthum Anhalt, und seit 1. Juli 1876 für das Großherzogthum Hessen in Kraft getretenen Berggesetze haben das Preuß. Berggesetz wesentlich zur Grundlage genommen und nur hin und wieder Abänderungen beliebt, welche weniger materieller Natur sind, vielmehr meist nur die Fassung berühren oder auf einer andern Ausdrucksweise beruhen.

Das für das Königreich Sachsen seit dem 3. Januar 1869 geltende Berggesetz nimmt dagegen eine Ausnahme-Stellung zu dem in den letzten Jahrzehnten vollzogenen Umbildungsprozesse des deutschen Bergrechts ein. Es behandelt namentlich das ganze Gewerkschaftsrecht in nur wenigen Paragraphen, verleiht zwar der Gewerkschaft vollständig die Rechte einer juristischen Person, erklärt die Kuxe als bewegliche

Sache, führt für dieselben das Dezimalsystem ein, erfordert aber zur Bildung einer Gewerkschaft jedesmal die Errichtung besonderer Statuten, welche wie diejenigen der Aktiengesellschaften gewisse durch das Gesetz vorgeschriebene essentielle Bestimmungen enthalten müssen und der Genehmigung der Staatsregierung unterworfen sind.

Auch das seit dem 1. Oktober 1868 in Kraft getretene Berggesetz für das Herzogthum Gotha nimmt, obschon es im Uebrigen wesentlich mit dem Preuß. Berggesetze übereinstimmt, insofern eine exzeptionelle Stellung ein, als darin die Gewerkschaft mit ihrer besondern Verfassung ganz in Wegfall gekommen ist, wogegen es den Mitbetheiligten eines Bergwerks überlassen bleibt, durch Vertrag jede nach den allgemeinen Gesetzen zulässiige Gesellschaftsform anzunehmen; besteht ein solcher Vertrag nicht, so wird das Rechtsverhältniß zwischen den Betheiligten nach den Grundsätzen über Miteigenthum beurtheilt; wenn die Vertretung der etwa gebildeten Gesellschaft nicht gesetzlich geordnet ist, so muß ein Repräsentant ernannt werden.

In den wenigen übrigen deutschen Staaten gelten theils partikuläre Bergordnungen, theils die Normen des gemeinen Rechts.

Ist hiernach auf dem Gebiete des Bergrechts ein erfreuliches Zusammengehen der deutschen Gesetzgebungen zu konstatiren, so bleibt doch zu bedauern, daß bisher diese einheitlichen Bestrebungen noch zu keinem Allgemeinen Deutschen Reichsberggesetze geführt haben.

Erstes Kapitel.

Von der rechtlichen Natur der Gewerkschaft im Allgemeinen.

1. § 94.[1]) Zwei oder mehrere Mitbetheiligte eines Bergwerks bilden eine Gewerkschaft.

Die Gewerkschaft kann ihre besondere Verfassung durch ein notariell oder gerichtlich zu errichtendes Statut regeln, welches der Zustimmung von wenigstens drei Viertheilen aller Antheile und der Bestätigung des Oberbergamts bedarf.

Die Bestimmungen der §§. 95. bis 110., 114. Absatz 2., und 123. bis 128. dürfen durch das Statut nicht abgeändert werden.

Auf ein im Alleineigenthum befindliches Bergwerk findet somit die gewerkschaftliche Verfassung keine Anwendung; dasselbe kann also auch nicht in Kuxe eingetheilt werden. Die Bildung der Gewerkschaft ist, wie auch der Ministrl. Bescheid vom 10. Juni 1870. Z.[2]) XII. 143 ausführt, durch ein gesellschaftliches Verhältniß bedingt.

Die Mitbetheiligten können physische und juristische Personen sein; sind es nur juristische Personen, so entsteht gleichfalls eine Gewerkschaft.

---

[1]) Allg. Berggesetz.

[2]) Zeitschrift für Bergrecht.

Die Betheiligten müssen aber jedenfalls Miteigenthümer des Bergwerks sein; die Entstehung der Gewerkschaft setzt wirkliches Eigenthum an dem Bergwerke voraus. Wo daher Bergwerkseigenthum nur durch Umschreibung im Berggegenbuche erworben werden kann, bilden die Betheiligten, welche es unterlassen haben, diese Umschreibung auf ihren Namen vorzunehmen, keine Gewerkschaft. cf. Erkenntniß des Reichsgerichts vom 11. März 1882. Z. XXIV. 118.

Nach einem Erkenntnisse des Preuß. Obertribunals vom 21. Januar 1878 (Z. XX. 353) kann der Alleineigenthümer eines Bergwerks, abgesehen von dem Falle, wenn er im Auslande wohnt, einen Repräsentanten nicht bestellen, bezw. seinem mit diesem Namen bezeichneten Vertreter nur solche Befugnisse einräumen, welche er überhaupt einem Bevollmächtigten übertragen darf.

Gehört ein Bergwerk zu dem Vermögen einer Erbschaft oder einer sonstigen gemeinschaftlichen Masse, so bilden die Theilhaber an derselben keine Gewerkschaft, wie die Vorschrift des § 133, um jede entgegengesetzte Meinung auszuschließen, ausdrücklich erklärt.

Die gesetzlichen Vorschriften gelten für die Gewerkschaft als Normalstatut, wenn nicht die Regelung durch ein besonderes Statut beliebt wird. Zur Abfassung des letzteren ist die Zustimmung aller Betheiligten nicht erforderlich; das Statut bildet also keinen eigentlichen Vertrag; immer ist aber dazu eine Majorität von $^3/_4$ aller Kuxe und die Bestätigung des Oberbergamts nothwendig. Selbstverständlich bedürfen auch diejenigen Gewerkenbeschlüsse, wodurch die bestehende Verfassung aufgehoben oder abgeändert wird, zu ihrer Rechtsgültigkeit der nämlichen Majorität von $^3/_4$ aller

Kuxe und ebenso der Bestätigung des Oberbergamts. In diesem Sinne hat sich auch das Reichs=Oberhandelsgericht in seinem Erkenntnisse vom 12. Oktober 1874 Z. XVI. 226. ausgesprochen. Nach dem nämlichen Erkenntnisse sind die durch ein Statut nicht betroffenen und daher neben demselben in Geltung verbliebenen dispositiven Gesetzesbestimmungen nicht als stillschweigend in das Statut aufgenommen und also auch nicht als dessen Bestandtheile zu betrachten. Wenn aber das Erkenntniß dann weiter zu dem Satze gelangt, daß jeder einzelne Beschluß der Gewerkschaft, welcher diese einer generellen und dauernden Verpflichtung unterwirft, als statutarischer zu behandeln sei und daher zu seiner Rechtsverbindlichkeit für die Gewerkschaft als solche die Zustimmung von wenigstens $^{3}/_{4}$ aller Kuxe sowie die Bestätigung des Oberbergamts erfordere, so dürfte doch eine solche Annahme weder den gesetzlichen Vorschriften und ihren Motiven noch auch dem praktischen Rechtsleben entsprechen. Die Fassung statutarischer Beschlüsse, auch wenn es sich dabei nur um Einzelbestimmungen handelt, bedarf stets der im § 94 vorgesehenen $^{3}/_{4}$ Majorität; dasselbe gilt von den im § 114 ausdrücklich hervorgehobenen Beschlußfassungen. Für die Wahl des Repräsentanten oder Grubenvorstandes schreibt der § 118 absolute Stimmenmehrheit vor; für alle sonstigen Beschlüsse genügt gemäß der Vorschrift des § 113 einfache Stimmenmehrheit. Jeder einzelne Beschluß, welcher der Gewerkschaft generelle und dauernde Verpflichtungen auferlegt, braucht deshalb allein offenbar noch nicht als ein statutarischer behandelt zu werden, in vielen Fällen wird dazu einfache Majorität hinreichen, — nur der Beschluß, welcher die Aenderung der Verfassung der Gewerkschaft bezweckt, mag diese nun auf dem Gesetze oder auf besonderem Statute beruhen, bedingt als ein statutarischer die gedachte $^3/_4$ Majorität.

Uebrigens darf die Vorschrift, wonach das Statut bezw. dessen Abänderung eine Mehrheit von $^3/_4$ aller Kuxe und die Bestätigung des Oberbergamts erfordert, weil dem öffentlichen Rechte angehörend, niemals durch einen Gewerkschaftsbeschluß abgeändert werden. cf. Bescheid des O. B. A. Bonn vom 20. November 1878. (Z. XX. 118.)

Was das Bestätigungsrecht des Oberbergamts anlangt, so ergibt die Entstehungsgeschichte des Gesetzes, daß in dem ursprünglichen Regierungsentwurfe dieses Recht gar nicht vorgesehen war. Erst die Kommission des Herrenhauses fand eine solche Bestätigung für wünschenswerth, hielt es aber nicht für thunlich, bestimmte Gründe anzugeben, aus denen die Bestätigung allein versagt werden dürfe, glaubte vielmehr dies dem vernünftigen, aus dem Geiste des neuen Gesetzes hervorgegangenen Ermessen des Oberbergamts überlassen zu müssen. Der Geist des Gesetzes ist nun aber nach seinen Motiven der: „der Bergwerksindustrie unter Aufhebung staatlicher Bevormundung volle Selbstständigkeit und Wahrnehmung ihrer Privatinteressen zu gewähren, dagegen die Bergbehörde auf die Ueberwachung der öffentlichen Interessen zu beschränken."

Dagegen befürchtete die Kommission des Abgeordnetenhauses, jenes Bestätigungsrecht trage die Gefahr einer bureaukratischen und bevormundenden Benutzung in sich und sei daher geeignet, die wirthschaftliche Entfesselung des Bergbaues und dessen selbstständige Entwicklung zu behindern; sie erklärte sich erst dann mit dem durch die Kommission des Herren=

hauses gemachten Zusatze einverstanden, nachdem die Regierungskommissarien die Versicherung gegeben hatten, daß eine bevormundende Kritik der Gewerkschaftsstatuten seitens der Oberbergämter schwerlich zu befürchten sei, zumal die Grundsätze, nach denen diese Behörden pflichtmäßig im Sinne des Gesetzes zu handeln hätten, hiermit im Widerspruche stehen würden. Hierbei haben die Regierungskommissarien darauf hingewiesen, daß gewisse Bestimmungen des Gesetzes, nämlich die §§ 95—110, welche die rechtliche Natur der Gewerkschaft und die Rechte und Pflichten der Gewerken behandeln, — der § 114 Absatz 2, welcher zu verzicht- und schenkungsweisen Verfügungen über das Bergwerkseigenthum Einstimmigkeit erfordert, — und die §§ 123—128, welche die Vertretung der Gewerkschaft zum Gegenstande haben, — durch das Statut nicht abgeändert werden dürfen. Dieser Hinweis kann in dem Zusammenhange nur die Bedeutung haben, daß die Versagung der Bestätigung eines Statuts blos erfolgen soll, wenn darin verbotene oder gesetzwidrige Bestimmungen aufgenommen worden sind. In solchen Fällen ist das öffentliche Interesse verletzt, weshalb die Bergbehörde verpflichtet erscheint, Remedur eintreten zu lassen und event. die Minorität gegen das rechtswidrige Verhalten der Majorität in Schutz zu nehmen.

Geht die Gewerkschaft zur Errichtung eines besonderen Statuts über, so dürften darin hauptsächlich folgende Gegenstände Berücksichtigung zu finden haben:

1) Name, Sitz und Gegenstand der Gewerkschaft, sowie Zahl der Kuxe;
2) Form der Einberufung der Gewerkenversammlungen, sowie Zeit und Ort ihres Zusammentritts;

3) Form der Abstimmung in den Gewerkenversammlungen und des Protokolls;
4) Bestellung eines Repräsentanten oder Grubenvorstandes;
5) Feststellung der Amtsdauer und der Vollmacht des Repräsentanten oder Grubenvorstandes;
6) Beschlußfassung im Grubenvorstande und Vertretung desselben beim Abschlusse von Geschäften durch ein Mitglied oder mehrere Mitglieder;
7) Bezeichnung der Gegenstände, welche der Entscheidung der Gewerkenversammlung vorbehalten sind;
8) Rechnungsführung, Rechnungslegung und Decharge-Ertheilung;
9) Festsetzung, wie die Entscheidung über angefochtene Mehrheitsbeschlüsse (§ 115) und über sonstige Streitigkeiten zwischen der Gewerkschaft und den Gewerken erfolgen soll.
10) Unstatthaftigkeit der Umschreibung der Kuxe im Gewerkenbuche, falls auf denselben von dem Vorbesitzer noch Zubußen verschuldet werden;
11) Auflösung und Liquidation der Gewerkschaft.

Zur Nachachtung kann besonders folgender Statutenentwurf empfohlen werden, welcher sich im Wesentlichen dem Berggesetze anschließt, einige erschwerende Bestimmungen desselben ändert, die Befugnisse des Repräsentanten beschränkt und zur Ergänzung dessen Handlungsfähigkeit sowie zur Kontrole ähnlich wie bei der Aktiengesellschaft einen Aufsichtsrath vorsieht.

§ 1. Zweck der Gewerkschaft ist die Ausbeutung des Bergwerks N. N., sowie derjenigen Bergwerke, welche sie später noch erwerben wird; auch die Herstellung aller Anlagen und der Betrieb von Unternehmungen, welche die Ausnutzung jener Bergwerke und die Verwerthung der Produkte derselben befördern.

§ 2. Die Gewerkschaft betreibt ihre Geschäfte unter dem Namen: . . . . und hat ihren Sitz zu . . . .

§ 3. Die Zahl der gewerkschaftlichen Antheile beträgt . . . . . . Kuxe.

§ 4. Auf die Rechtsverhältnisse der Gewerkschaft und ihrer Betheiligten finden die Vorschriften des vierten Titels des Allg. Berggesetzes vom 24. Juni 1865 Anwendung, jedoch mit folgenden Modifikationen:

a. Die Gewerkenversammlung tritt alljährlich regelmäßig im Monat . . . ., außerdem so oft der Aufsichtsrath es für nöthig erachtet, auf jedesmalige Einladung desselben am Sitze der Gewerkschaft oder in . . . . . zusammen. Eine Gewerkenversammlung muß berufen werden, wenn die Eigenthümer von wenigstens einem Viertel aller Kuxe die Berufung unter Angabe des zur Berathung zu stellenden Gegenstandes bei dem Aufsichtsrathe beantragen. Verwirft die Gewerkenversammlung die gestellten Anträge, so fallen die durch Abhaltung der Gewerkenversammlung und ihre Berufung der Gewerkschaft entstandenen Kosten den Antragstellern solidarisch zur Last.

b. Die Berufung der Gewerkenversammlung erfolgt durch schriftliche, die Tagesordnung kurz bezeichnende Einladung derjenigen Gewerken, auch der im Auslande wohnenden, welche zur Zeit des Erlasses derselben im Gewerkenbuche eingetragen sind. Die Einladung wird bewiesen durch ein Attest der betr. Postanstalt über die mindestens acht Tage vor der Versammlung erfolgte Aufgabe der Briefe zur Post. Für die Adresse der Briefe ist der im Gewerkenbuche verzeichnete Wohnort der Gewerken maßgebend; eines Aushangs der Einladung am Amtslokale des Revierbeamten bedarf es unter keinen Umständen.

Außer dieser schriftlichen Einladung erfolgt die Berufung der Gewerkenversammlung durch einmalige mindestens vierzehn Tage vor der Versammlung in der ..... Zeitung veröffentlichte Bekanntmachung; sollte die Zeitung eingehen oder dem Aufsichtsrathe nicht zugänglich sein, so genügt die schriftliche Einladung so lange, bis die Gewerkenversammlung ein anderes öffentliches Blatt an Stelle jener Zeitung gewählt hat. Sowohl die schriftliche als die durch die Zeitung erfolgende Einladung ist ohne weitere Namensbeifügung nur mit der Unterschrift „Der Aufsichtsrath" zu versehen.

c. Die Gewerkenversammlung ist mit Ausnahme der im § 114 des Allg. Berggesetz vorgesehenen Fälle beschlußfähig, auch wenn die Mehrheit aller Kuxe nicht vertreten ist, so daß es im Allgemeinen der Berufung einer zweiten Gewerkenversammlung nicht bedarf.

d. Der Beschlußfassung der Gewerkenversammlung, welche nach den gesetzlichen Vorschriften erfolgt, sind insbesondere folgende Gegenstände vorbehalten:

aa. Die Wahl des Repräsentanten und der Aufsichtsrathsmitglieder, sowie die Feststellung ihrer Amtsdauer und Remuneration.

bb. Die Entlastung der mit dem 31. Dezember jeden Jahres abschließenden Verwaltungsrechnungen.

cc. Die Inbetrieb- oder Außerbetriebsetzung des Werkes.

dd. Die Erwerbung von Bergwerken, Bergwerksantheilen,

Kuxen, Liegenschaften und Immobilien aller Art, wenn es sich im einzelnen Falle um einen höheren Betrag als M.... handelt, sowie jede Veräußerung solcher Objekte.

ee. Die Aufnahme von Darlehen oder die Inanspruchnahme eines Bankkredits über den Betrag von M.... hinaus.

ff. Die Abschließung von Lieferungsverträgen hinsichtlich der Produkte des Bergwerks über die Dauer von ... Jahren hinaus.

gg. Die Abschließung von Lösungsverträgen mit anderen Gruben.

hh. Die Erhebung von Beiträgen.

e. Den Vorsitz in den Gewerkenversammlungen führt der Vorsitzende des Aufsichtsraths bezw. dessen Stellvertreter, in Behinderung Beider aber ein anderes von dem Aufsichtsrathe dazu bestimmtes Mitglied desselben. Das Protokoll über die Gewerkenversammlung wird durch den Vorsitzenden der Versammlung und zwei von demselben zu bezeichnende Anwesende rechtsgültig vollzogen. Dem Protokolle wird eine Liste der erschienen bezw. vertretenen Gewerken unter Bezeichnung der Bevollmächtigten beigefügt. Zur Vertretung von Gewerken genügt eine Vollmacht unter Privatunterschrift, über deren Anerkennung der Aufsichtsrath entscheidet.

f. Die Gewerkschaft wird durch einen Repräsentanten vertreten; zu seiner Legitimation dient die Ausfertigung des Wahlprotokolls; in demselben ist auf die Beschränkungen, welche das gegenwärtige, dem Protokolle in beglaubigter Abschrift beizufügende Statut dem Repräsentanten auferlegt, im Allgemeinen hinzuweisen. Wechselverbindlichkeiten, welche der

Repräsentant für die Gewerkschaft eingeht, sind nur dann für dieselbe verpflichtend, wenn der Unterschrift des Repräsentanten die Unterschrift des Vorsitzenden oder Stellvertreters des Aufsichtsraths oder eines vom Aufsichtsrathe hiermit beauftragten Beamten hinzutritt.

g. Zur Ueberwachung der gewerkschaftlichen Vermögensverwaltung und zur Prüfung und Feststellung der Jahresrechnungen steht dem Repräsentanten ein aus ... Mitgliedern gebildeter Aufsichtsrath zur Seite, welcher die ihm in diesem Statut überwiesenen Befugnisse besitzt. Scheidet ein Mitglied durch Tod oder sonstwie vor Ablauf seiner Amtsdauer aus dem Aufsichtsrathe aus, so bilden die verbliebenen Mitglieder bis zur nächsten Gewerkenversammlung den Aufsichtsrath mit dem Rechte, sich bis dahin durch Cooptation zu ergänzen.

h. Der Aufsichtsrath wählt aus seiner Mitte einen Vorsitzenden und einen Stellvertreter desselben. Beschlußfähig ist er bei Anwesenheit von ... Mitgliedern. Er faßt seine Beschlüsse und vollzieht seine Wahlen mit einfacher Stimmenmehrheit; bei Stimmengleichheit entscheidet die Stimme des Vorsitzenden, bei Wahlen das Loos. Zu den Sitzungen, denen der Repräsentant beizuwohnen hat, ladet der Vorsitzende bezw. dessen Stellvertreter mindestens drei Tage vorher unter kurzer Bezeichnung der Tagesordnung brieflich ein. Im Uebrigen stellt der Aufsichtsrath seine Geschäftsordnung selbst fest.

i. Der Repräsentant ist an die ihm vom Aufsichtsrathe ertheilten Instruktionen und insbesondere an dessen Genehmigung gebunden:

aa. bei Feststellung bezw. Abänderung der Betriebspläne;

bb. bei Erwerbung von Bergwerken, Bergwerksantheilen, Kuxen, Liegenschaften und Immobilien aller Art, insofern nicht nach diesem Statute der Gewerkenversammlung die Genehmigung vorbehalten ist;

cc. bei Abschluß von Verträgen mit Lieferanten oder Produktenabnehmern, wenn der Gegenstand des Vertrages mehr als M. ... beträgt, insoweit nicht schon der Gewerkenversammlung die Genehmigung zusteht;

dd. bei Anstellung von Beamten und Bemessung deren Remuneration.

ee. bei Aufnahme von Darlehen und Inanspruchnahme von Bankkrediten, sofern nicht schon der Gewerkenversammlung die Genehmigung vorbehalten ist;

ff. bei Vertheilung von Ausbeuten bezw. Innebehaltung von Reserven;

gg. bei Anstellung von Prozessen;

hh. bei Feststellung der Jahresrechnungen.

k. Der Repräsentant ist ermächtigt, mit Genehmigung des Aufsichtsraths zum Empfange der bei der Post für die Gewerkschaft eingehenden Briefe, Geld- und Werthsendungen, sowie zum Abschlusse einzelner bestimmter Rechtsgeschäfte Substituten zu bestellen.

l. Jeder Gewerke erhält allmonatlich einen Abrechnungsbogen über die Resultate des verflossenen Monats; die Einsicht der Bücher kann er nicht fordern; jedoch ist es den Gewerken, welche zusammen mindestens ein Viertheil der Kuxe vertreten, auf ihren Antrag zu gestatten, durch einen gemeinschaftlichen Bevollmächtigten Einsicht von den Geschäftsbüchern und der Korrespondenz nehmen zu lassen.

m. Die Umschreibung der Kuxe im Gewerkenbuche und deren Ausfertigung erfolgt nach den bestehenden gesetzlichen Vorschriften durch den Repräsentanten, jedoch ist derselbe weder berechtigt noch verpflichtet, Kuxe auf einen andern Namen umzuschreiben, so lange der Vorbesitzer noch Zubußen auf den betreffenden Kuxen verschuldet.

n. Die Klage gegen den Gewerken auf Zahlung der Zubuße kann sowohl bei dem Gerichte des Sitzes der Gewerkschaft, als auch bei dem Gerichte des Wohnorts des Gewerken erhoben werden.

o. Wird die Gewerkschaft aus irgend welchem Grunde aufgelöst, so erfolgt die Liquidation durch den Repräsentanten unter Kontrole des Aufsichtsraths. —

Soll die Vertretung der Gewerkschaft statt einem Repräsentanten mit Aufsichtsrath einem Grubenvorstande oder einem Repräsentanten ohne Aufsichtsrath übertragen werden, so läßt sich gleichfalls der vorstehende Statutenentwurf mit entsprechenden, leicht zu bewerkstelligenden Modifikationen benutzen.

Aus der Vorschrift des § 94 folgt unzweifelhaft, daß die von der Beschlußfassung und Vertretung der Gewerkschaft handelnden §§ 111—122, mit Ausnahme des zu Verfügungen über das verliehene Bergwerkseigenthum durch Verzicht oder Schenkung Einstimmigkeit erfordernden § 114 Absatz 2, sowie die §§ 129—132, welche sich auf die Beitreibung der Beiträge und den freiwilligen Verzicht der Gewerken auf ihre Antheile beziehen, durch das Statut beliebig abgeändert werden können; demnach kann bestimmt werden, daß die Gewerken befugt sind ihre Beschlüsse und Wahlen außerhalb der Gewerkenversammlungen, z. B. mittels Circulaire oder Briefwechsel zu fassen, daß sie ihr Stimmrecht nicht nach Kuxen, sondern nach Personen oder sonstwie ausüben; es kann jeder denkbare Modus für die Form der Einladungen, die Beschlußfähigkeit und die zu den Beschlüssen erforderliche Majorität angeordnet, auch die Anrufung des ordentlichen Richters oder eines Schiedsgerichts darüber, ob ein Gewerkenbeschluß zum Besten der Gewerkschaft gereicht, ganz ausgeschlossen werden; es kann die Führung des Gewerkenbuchs, die Ausfertigung der Kuxscheine und die Berufung der Gewerkenversammlungen anderen Personen als dem Repräsentanten oder Grubenvorstande übertragen und bestimmt werden, daß die Gewerken kein Recht auf Einsicht der Bücher besitzen, die Gewerkenversammlung nicht alljährlich zusammenzutreten und ihr keine Rechnung gelegt zu werden braucht. Sogar die Bestimmung des § 122, daß bei Weigerung des Repräsentanten zur Berufung einer Gewerkenversammlung, auf Antrag der Eigenthümer eines Viertheils aller Kuxe, die Bergbehörde diese Versammlung ebenso wie diejenige zur Vornahme der Wahl eines Repräsentanten oder Grubenvorstandes oder zur Beschlußfassung über den Widerruf der erfolgten Bestellung auf den an sie gerichteten Antrag berufen könne, darf nach Anleitung des § 94, worüber auch die Vorschrift des § 124 keinen Zweifel läßt, durch das Statut abgeändert bezw. ganz aufgehoben werden.

Man sieht, der Gesetzgeber hat den Gewerken einen weiten, vielleicht zu weiten Spielraum bei Abänderung der gesetzlichen Normen belassen. In der That nimmt es sich fast wunderlich aus, daß beispielsweise der § 117 mit seiner kategorischen Bestimmung, daß jede Gewerkschaft verpflichtet ist, einen im Inlande wohnenden, der Bergbehörde namhaft zu machenden Repräsentanten oder einen Grubenvorstand zu bestellen, — zu denjenigen Paragraphen gehört, welche durch das Statut abgeändert werden können, und daß demnach die

Gewerken berechtigt sein sollen, statutarisch festzusetzen, weder einen Repräsentanten noch einen Grubenvorstand zu ernennen, oder, im Falle der Ernennung, denselben der Bergbehörde nicht namhaft zu machen, u. dgl. m. Die Ernennung eines Repräsentanten oder Grubenvorstandes entspricht so sehr dem Wesen der Gewerkschaft, daß es fast undenkbar ist, der Gesetzgeber habe gestatten wollen, der Gewerkschaft eine andere Vertretung zu geben und die gesetzliche Vertretung ganz auszuschließen. Daß Letzteres auch gar nicht in der Absicht lag, folgt übrigens aus den durch Statut nicht abänderbaren §§ 123—128, welche die Existenz eines Repräsentanten oder Grubenvorstandes für die Gewerkschaft unbedingt voraussetzen.

Was die Abänderlichkeit der §§ 129—132 anlangt, so kann statutarisch bestimmt werden, daß die Erhebung der Klage gegen den Gewerken auf Zahlung der Zubuße schon vor Ablauf der vierwöchentlichen Präklusivfrist des § 115, sowie bei einem andern Gerichte als demjenigen, in dessen Bezirk das Bergwerk liegt, zulässig, und die Abwendung der Verurtheilung und der Exekution des Gewerken durch Anheimstellung des Verkaufs seines Antheils ebenso wie der freiwillige Verzicht auf denselben ausgeschlossen ist.

Wenn hiernach auch die Möglichkeit zu weitgehenden Abweichungen von den gesetzlichen Bestimmungen durch statutarische Feststellungen gegeben ist, so kommen doch Extravaganzen nur selten vor, denen übrigens auch die Bergbehörde, falls das öffentliche Interesse dies erheischt, die Genehmigung versagen kann.

Die Anfechtung eines rite zu Stande gekommenen Statuts im Rechtswege ist ausgeschlossen.

Eine Einregistrirung und Veröffentlichung der von der gesetzlichen Gewerkschaftsverfassung abweichenden besonderen Statuten oder überhaupt des Namens und Gegenstandes der Gewerkschaft, ihrer Vertreter und deren Vollmacht, der Zahl der Kuxen und der Form der Einberufung der Gewerkenversammlungen, ähnlich wie bei Aktiengesellschaften, hat das Gesetz nicht vorgesehen.

In Folge dessen erwachsen insbesondere denjenigen dritten Personen, welche mit der Gewerkschaft in Verbindung treten, Geschäfte mit ihr abschließen, ihr Kredite einräumen, oder sonstwie Rechte erlangen, häufig Inkonvenienzen. Ist z. B. die Vertretung der Gewerkschaft einem Grubenvorstande übertragen, so kann die Gewerkschaft nur durch *sämmtliche* Mitglieder des Vorstandes verpflichtet werden, wenn nicht durch einen statutarischen Beschluß eine andere Disposition getroffen ist. Durch einen späteren Beschluß kann aber diese Disposition wieder aufgehoben oder modifizirt sein, und der Dritte, welcher im Vertrauen auf den ihm bekannten früheren Beschluß handelt, dessen Aufhebung ihm unbekannt geblieben, kommt zu Schaden. Ebenso kann die Vollmacht des Repräsentanten im Laufe der Zeit verändert werden, und der in gutem Glauben handelnde Dritte dadurch Nachtheile erleiden.

Allen diesen Gefahren kann nur durch ein öffentliches Register vorgebeugt werden; so lange dies nicht gesetzlich eingerichtet ist, kann dritten Personen nur die größte Vorsicht bei Verbindungen mit Gewerkschaften empfohlen werden.

Daß im Fürstenthume Kalenberg, Landdrostei Hannover, die Mitbetheiligten eines Kohlenbergwerks weder kraft Gesetzes eine Gewerkschaft bilden noch auch diese Gesellschaftsform durch

Statut annehmen können, ist durch das Oberbergamt Clausthal unterm 3. Juli 1879 und den Rekursbescheid vom 22. Juli 1879 festgestellt. (Z. XX. 403 und 538.)

2. § 95. Die Gewerkschaft führt den Namen des Bergwerks, sofern sie nicht in dem Statut einen andern Namen gewählt hat.

Wird der Name einer Gewerkschaft geändert, so stellt der betreffende Gewerkenbeschluß sich als eine Abänderung der Verfassung dar und bedarf daher sowohl einer Mehrheit von $^3/_4$ aller Kuxe als auch der Bestätigung des Oberbergamts. Letzteres erscheint befugt im öffentlichen Interesse die Bestätigung zu versagen, so lange noch auf den früheren Namen lautende Kuxscheine im Verkehre bezw. als Pfandobjekte im Besitze von Gläubigern sind, da sonst das Publikum leicht getäuscht und geschädigt werden könnte. cf. Bescheid des O. B. A. Bonn vom 8. Mai 1880. Z. XXI. 396.

Die Frage, ob der Name einer Gewerkschaft, welche gewerbemäßig Handelsgeschäfte betreibt, als Firma in das Handelsregister einzutragen ist, kann im Hinblicke auf die Art. 4, 5, 15, 19, 271, 272 des Allg. deutschen Handelsgesetzbuchs nur bejaht werden. Eine Gewerkschaft, welche sich also nicht blos auf den an und für sich noch kein Handelsgeschäft darstellenden Verkauf ihrer eigenen Bergwerksprodukte beschränkt, vielmehr dieselben mit anderweit angeschafften Materialien weiter verarbeitet und das so gewonnene Fabrikat veräußert, ist als eine Handelsgesellschaft zu betrachten und ihr Name in das Firmenregister einzutragen.

3. §. 96. Die Gewerkschaft kann unter ihrem Namen Rechte erwerben und Verbindlichkeiten eingehen, Eigenthum und andere dingliche Rechte an Bergwerken und

Grundstücken erwerben, vor Gericht klagen und verklagt werden.

Ihr ordentlicher Gerichtsstand ist bei dem Gerichte, in dessen Bezirk das Bergwerk liegt.

Hiermit ist die selbstständige kaufmännische Bewegungs- und Handlungsfähigkeit der Gewerkschaft anerkannt; es sind ihr die Rechte einer juristischen Person vollständigst beigelegt. Ihre Handlungsfähigkeit ist vom Gesetze nirgendwo eingeschränkt; daraus folgt, wie auch das Reichs-Oberhandelsgericht in seinem Erkenntnisse vom 12. Oktober 1874 Z. XVI. 226 ausgeführt hat, daß die Gewerkschaft angesichts des Art. 1 der Wechselordnung auch wechselmäßig berechtigt und verpflichtet werden kann. Vorausgesetzt wird hierbei, wie überhaupt für die Gültigkeit aller ihrer Rechtsakte, daß die Wechselerklärungen unter ihrem Namen und durch ihren berechtigten Vertreter abgegeben sind.

Für die Gewerkschaft des älteren Rechts ist der Erwerb neuen Bergwerkseigenthums auf Grund eines Mehrheitsbeschlusses ausgeschlossen. cf. Entsch. des Ob. Trib. vom 14. Dezember 1874. Z. XVI. 126.

Auf das Bergwerkseigenthum finden nach § 52 des Allg. Berggesetzes hinsichtlich der Veräußerung, der Verpfändung und des Arrestes, sowie der Privilegien des Rhein. Rechts die allgemeinen gesetzlichen Vorschriften Anwendung, welche in dieser Beziehung für das Grundeigenthum gelten. Wegen übermäßiger Verletzung, insbesondere wegen Verletzung über die Hälfte können jedoch Verträge über Veräußerung von Bergwerken oder Kuxen nicht angefochten werden.

Die Bestimmung, daß der ordentliche Gerichtsstand der Gewerkschaft bei dem Gerichte ist, in dessen Bezirk das Bergwerk liegt, findet sich durch den § 19 der Civilprozeßordnung für das Deutsche Reich vom 30. Januar 1877 ausdrücklich wiederholt. Dort heißt es nämlich: „Der allgemeine Ge„richtsstand der Gemeinden, der Korporationen, sowie derjenigen „Gesellschaften, Genossenschaften oder anderen Personenvereine „und derjenigen Stiftungen, Anstalten und Vermögensmassen, „welche als solche verklagt werden können, wird durch den Sitz „derselben bestimmt. Als Sitz gilt, wenn nicht ein anderes „erhellt, der Ort, wo die Verwaltung geführt wird. Gewerk„schaften haben den allgemeinen Gerichtsstand bei dem Gerichte, „in dessen Bezirke das Bergwerk liegt, Behörden, wenn sie als „solche verklagt werden können, bei dem Gerichte ihres Amts„sitzes. Neben dem durch die Vorschriften dieses Paragraphen „bestimmten Gerichtsstande ist ein durch Statut oder in anderer „Weise besonders geregelter Gerichtsstand zulässig."

Dieser Schlußsatz könnte nun zu der Annahme verleiten, daß in dem Gewerkschaftsstatute ein anderer als der durch die Lage des Bergwerks bedingter Gerichtsstand bestimmt werden dürfe, obschon nach § 94 Allg. Berggesetzes die gesetzliche Vorschrift des § 96 ibid. über den Gerichtsstand durch Statut nicht abgeändert werden kann. Der Schlußsatz des bezogenen § 19 der Civilprozeßordnung sollte aber offenbar die materiellen Bestimmungen des Allg. Berggesetzes in keiner Weise berühren; man wollte nur hervorheben, daß wenn in dem Statute irgend einer der gedachten Gesellschaften und Vereine statt des gesetzlich vorgeschriebenen Gerichtsstandes ein anderer vorgesehen sei, dieser an die Stelle trete, unter der selbstverständlichen Voraussetzung, daß das betreffende Statut mit den bestehenden gesetzlichen Bestimmungen in Einklang stehe. Es muß also bei der Verfügung des § 94 Allg. Berggesetzes verbleiben, wonach die Gewerkschaft nicht berechtigt ist, durch das Statut einen andern Gerichtsstand festzusetzen, als denjenigen, in dessen Bezirk das Bergwerk liegt. Dieser Gerichtsstand ist nach Vorschrift des § 23 der Civilprozeßordnung auch für die Klagen zulässig, welche von der Gewerkschaft gegen ihre Mitglieder als solche, oder von den Letztern in ihrer Eigenschaft als Gewerken gegeneinander erhoben werden.

Erstreckt sich das Bergwerk in mehrere Gerichtsbezirke, so kann für den Gerichtsstand weder die Stelle des Fundpunktes noch die der Betriebsanlage über Tage maßgebend sein; die Lage des Bergwerks soll nur entscheiden. In einem solchen Falle hat daher gemäß § 36 der Civilprozeßordnung das im Instanzenzuge zunächst höhere Gericht, zu dessen Bezirk die verschiedenen Gerichte gehören, das zuständige Gericht zu bestimmen. Besitzt eine Gewerkschaft mehrere Bergwerke in verschiedenen Gerichtsbezirken, so tritt ein mehrfacher Gerichtsstand ein, je nachdem das eine oder das andere Bergwerk in Frage kommt. Aus den bereits angeführten Gründen erscheint auch in diesem Falle die statutarische Festsetzung des Gerichtsstandes der Gewerkschaft in einem der Bezirke unzulässig. Klostermann in seinem Kommentar zum Allg. Berggesetz §. 96 ist allerdings anderer Ansicht; dieselbe läßt sich aber mit den strikten gesetzlichen Vorschriften nicht vereinen.

4. § 97. Das Bergwerk wird, soweit die Einrichtung des Hypothekenwesens dies gestattet, auf den Namen der Gewerkschaft in das Hypothekenbuch eingetragen.

In den Berggesetzen für Bayern, Württemberg, Sachsen, Elsaß-Lothringen und Koburg-Gotha fehlt diese Bestimmung

Nach einem Erkenntnisse des Preuß. Obertribunals vom

20. Februar 1871. (Z. XII. 261) bedürfen Reallasten, welche vor Erlaß der Hypothekenordnung vom 20. Dezember 1783 rechtsgültig konstituirt sind, behufs ihrer Wirkung späteren Erwerbern des belasteten Bergwerks gegenüber keiner Eintragung in's Hypothekenbuch.

Zufolge der Vorschrift des § 53 Allg. Berggesetzes sind die allgemeinen gesetzlichen Vorschriften über die Führung der Hypothekenbücher und Rheinischen Hypothekenregister, die Subhastation, den Konkurs und die Rangordnung der Gläubiger auch für das Bergwerkseigenthum maßgebend; jedoch haben die §§ 246—248 l. c. einige Aenderungen getroffen, wonach die Führung der Berg-Hypothekenbücher den Gerichten übertragen ist, — bei der Subhastation von Bergwerken und Bergwerksantheilen statt der Taxe eine von den Revierbeamten angefertigte genaue Beschreibung des Bergwerks genügt, und bei dem Bietungstermine und dem Subhastationspatente besondere Fristen zu beobachten sind. Auch ist zufolge der Bestimmung des § 249 die Aufhebung der besonderen Vorschriften über die Theilnahmerechte der Berggläubiger bei der Vertheilung der Kaufgelder und Revenüen von Bergwerken im Konkurse und in der nothwendigen Subhastation ausgesprochen, dagegen ist den Bergarbeitern in Beziehung auf die Rückstände aus dem letzten Jahre an Lohn und anderen Emolumenten das durch die deutsche Reichs-Konkursordnung nicht aufgehobene Vorrecht des § 50 der Konkursordnung vom 8. Mai 1855, und im Gebiete des Rheinischen Rechts das den Dienstboten für den Lohn des verflossenen und laufenden Jahres zustehende Privilegium des Art. 2101 Nr. 4 des bürgerlichen Gesetzbuchs beigelegt. Man hielt nach den Motiven des Gesetzes zur Sicherung der Berggläubiger, namentlich auch des Fiskus bezüglich der Bergwerksabgaben die allgemeinen Vorschriften über die Rangordnung der Gläubiger, insbesondere auch diejenigen der Konkursordnung, für ausreichend. Das Vorzugsrecht der Bergarbeiter hat übrigens in verschiedenen deutschen Ländern bei Einführung des Allg. Berggeś. eine besondere Behandlung erfahren.

5. § 98. Das Bergwerk kann nur von der Gewerkschaft und nur als Ganzes mit Hypotheken und dinglichen Lasten beschwert werden.

Zu dem Ende ist ein verfassungsmäßiger Beschluß von $^3/_4$ aller Antheile gemäß § 114 erforderlich; die Belastung kann stets nur das ganze Bergwerk, keine einzelne Theile desselben zum Gegenstande haben. Die Vorschrift gilt nur für die Gewerkschaften des neuen Rechts; letzteres unterscheidet bei der Verpfändung das Bergwerk und die Kuxe als verschiedene Objekte, während nach dem älteren Rechte das Bergwerk nur durch Verpfändung der sämmtlichen Kuxe zur Hypothek gestellt werden konnte und durch die Verpfändung und dingliche Belastung der Kuxe gleichzeitig das Bergwerk selbst belastet wurde.

6. § 99. Für die Verbindlichkeiten der Gewerkschaft haftet nur das Vermögen derselben.

Dieser Grundsatz, welcher aus der der Gewerkschaft verliehenen selbstständigen Persönlichkeit folgt, findet nach konstanter Praxis des Preuß. Obertribunals, namentlich auch nach dem Erkenntnisse desselben vom 24. November 1868 (Z. X. 170), auf Gewerkschaften des alten Rechts keine Anwendung; bei diesen haften die Gewerken für die Grubenschulden persönlich.

Zu dem Vermögen der Gewerkschaft gehören auch die

rückständigen Zubußen der Gewerken; ausgeschriebene Zubußen können daher von den Gläubigern der Gewerkschaft wie alle anderen Forderungen der Gewerkschaft als Exekutionsobjekte in Angriff genommen werden. Die Gewerken haften aber nicht über die auf ihre Kuxe entfallenden Zubußen hinaus, also insbesondere auch nicht für die Zubußen sonstiger säumigen Gewerken; unter den Gewerken besteht demnach keine Solidarität.

Daß die Verbindlichkeiten einer Gewerkschaft des neuen Rechts auf deren Vermögen nicht dinglich haften, daß also die von der Gewerkschaft kontrahirten Schulden, selbst wenn sie im Interesse des Bergwerks eingegangen sind, im Falle der Veräußerung von Immobilien, wozu auch die Bergwerkskonzession gehört, nicht auf den dritten Erwerber mit übergehen, ist in den Erkenntnissen des Preuß. Obertribunals vom 15. November 1870 (Z. XII. 184) und vom 26. Juni 1872 (Z. XIII. 547) des Näheren ausgeführt.

7. § 100. Durch das Ausscheiden einzelner Mitglieder — Gewerken — wird die Gewerkschaft nicht aufgelöst. Auch können einzelne Gewerken nicht auf Theilung klagen.

Dieselben Grundsätze galten auch bei der Gewerkschaft des älteren Rechts. Zweifelhaft könnte es erscheinen, ob durch Vereinigung der sämmtlichen Kuxe in einer Hand die Gewerkschaft aufgelöst wird, da der § 94 zur Bildung einer Gewerkschaft mindestens zwei Mitbetheiligte unterstellt. Der § 94 behandelt jedoch eben nur die Bildung der Gewerkschaft, nicht deren Fortbestand. Sobald die Gewerkschaft in's Leben getreten ist und eine feste Gestalt angenommen hat, besteht ein mit juristischer Persönlichkeit ausgestattetes Rechtssubjekt. Ebensowenig wie eine Aktiengesellschaft durch

Vereinigung der sämmtlichen Aktien in einer Hand sich auflöst, ebensowenig kann dies von der Gewerkschaft behauptet werden, falls alle Kuxe dauernd oder vorübergehend in das Eigenthum eines Einzigen übergehen. Das Ausscheiden einzelner Gewerken kann, auch nach der ausdrücklichen Bestimmung des § 100, die in's Leben gerufene juristische Person nicht berühren; die Fortexistenz der Gewerkschaft hängt nicht ab von der zu ihrer Entstehung allerdings erforderlichen Mehrheit von Personen. Die in's Leben getretene Gewerkschaft repräsentirt vielmehr die Gesammtheit der auf das ihr und nicht den einzelnen Gewerken zugehörige Bergwerk bezüglichen Rechte und Verbindlichkeiten. Klostermann ist allerdings entgegengesetzter Ansicht und der Meinung, daß die gewerkschaftliche Verfassung durch die bloße Thatsache der Vereinigung aller Kuxe in einer Hand zerstört, die Gewerkschaft aufgelöst werde, — gibt aber zu, daß dadurch große Unzuträglichkeiten entstehen und namentlich die Gläubiger der Gewerkschaft erheblich geschädigt werden können, weil denselben in Folge einer solchen Auflösung jedes Objekt der Befriedigung entzogen werde. Dieser Ansicht des Eintritts der Auflösung durch Vereinigung aller Kuxe in einer Hand kann jedoch nicht beigepflichtet werden; der Gesetzgeber hat derartige Zustände nicht schaffen wollen; die Bestimmung des § 100 sowie die Natur der Sache spricht nur der diesseitigen Auffassung das Wort. Das Erkenntniß des Preuß. Obertribunals vom 21. Januar 1878 (Z. XX. 353) steht dieser Ansicht nicht entgegen. Dort handelte es sich um eine Gewerkschaft des alten Rechts, bei der die Gewerken wirkliche Miteigenthümer sind und eine juristische Person nicht besteht; die einzelnen Gewerken als Miteigenthümer bilden eine Privatgesellschaft; fällt das Miteigenthum weg, so fehlt es an jedem Rechtssubject. Die einmal zur Existenz gelangte Gewerkschaft des neuen Rechts bildet dagegen ein selbstständiges Rechtssubjekt, der Besitzer von Kuxen ist nicht Miteigenthümer des Bergwerks, und deshalb kann auch nicht der Erwerber aller Kuxe ohne Weiteres Alleineigenthümer des Bergwerks werden; die juristische Persönlichkeit der Gewerkschaft wird dadurch nicht beseitigt.

Die Auflösung der Gewerkschaft kann dagegen außer durch gegenseitige Uebereinkunft auch mit einer Mehrheit von mindestens $^3/_4$ aller Kuxe durch Verkauf des Bergwerks und mit Einstimmigkeit durch Verzichtleistung auf dasselbe, oder durch Entziehung des Bergwerkseigenthums gemäß § 150 Allg. Berggesetz, ferner durch eine nothwendige Subhastation des Bergwerks oder endlich durch den Konkurs der Gewerkschaft herbeigeführt werden.

Für den Fall der Auflösung hat das Allg. Berggesetz ein besonderes Liquidationsverfahren, wie dasselbe z. B. durch das Allg. deutsche Handelsgesetzbuch für die Aktiengesellschaft sowohl im Interesse der Gläubiger als der Aktionäre festgesetzt ist, nicht vorgesehen. Die allgemeinen Rechtsgrundsätze bedingen jedoch, daß nach der Auflösung, sofern dieselbe nicht durch Konkurs erfolgt, eine besondere Auseinandersetzung stattfindet und daß nach Befriedigung aller Gläubiger die bisherigen Gewerken berechtigt sind das der Gewerkschaft verbleibende gemeinschaftliche Vermögen unter sich nach Verhältniß ihres Kuxbesitzes zu verteilen. Deshalb kann nicht behauptet werden, daß die Gewerschaft durch die Veräußerung des Bergwerks oder durch eine andere Thatsache, welche die Auflösung herbeiführt, ohne Weiteres zu existiren aufhöre. Es muß im

Gegentheil angenommen werden, daß sie als juristische Person so lange fortbesteht, bis ihre gegen Dritte überkommenen Rechte und Verbindlichkeiten vollständig erledigt sind. Der in dem Erkenntnisse des Preuß. Obertribunals vom 15. November 1870 (Z. XII. 185) niedergelegte Satz, daß die Gewerkschaft mit der Veräußerung ihres Bergwerks zu existiren aufhöre, ist unhaltbar. Wenn auch eine Gewerkschaft ohne Mitbetheiligte an einem Bergwerke nicht entstehen kann, das Bergwerk also die Voraussetzung dieser Entstehung bildet, so darf doch nicht übersehen werden, daß die Gewerkschaft während ihres Bestehens auch anderes Vermögen erwerben kann, welches sie gleichfalls als juristische Person besitzt; veräußert sie nun das Bergwerk, so bleiben ihr doch noch Vermögensrechte, und der Erlös des verkauften Bergwerks fließt ihr ja zu. Muß sie also auch, sobald sie das Bergwerk aufgelassen hat, als Gewerkschaft im Hypothekenbuche gelöscht werden, so bleibt sie doch in Ansehung des ihr verbliebenen oder durch den Verkauf erworbenen anderweiten Vermögens ein rechts- und prozeßfähiges Subjekt. In ihrem rechtspersönlichen Bestande würde sie mit der Veräußerung des Bergwerks nur dann nothwendig und ipso jure zerfallen, wenn die einzelnen Gewerken durch denselben Akt ohne Weiteres condomini des Restvermögens würden. Die Gewerken haben aber nur einen persönlichen Anspruch auf Theilung des der Gewerkschaft verbliebenen reinen Vermögens; sie succediren nicht ipso jure, vielmehr bleibt — gleichwie eine Aktiengesellschaft durch den registrirten Auflösungsbeschluß nur nach der produktiven Seite erlischt, in der Liquidation aber fortbesteht — auch die Gewerkschaft zur Ermittlung (Liquidation) dieses Reinvermögens und zur Vertheilung desselben unter die Gewerken, also für bestimmte Zwecke und bis zu deren Erfüllung rechtspersönlich in ihrer Verfassung bestehen. Dahin hat sich auch das Reichs-Oberhandelsgericht in seinem Urtheile vom 18. Januar 1876 (Z. XVII. 489) ausgesprochen. Immerhin wird es zweckmäßig sein, bei dem vollständigen Mangel spezieller gesetzlicher Vorschriften, statutarische Bestimmnngen über die Auslösung und Liquidation zu treffen.

8. § 101. Die Zahl der gewerkschaftlichen Antheile — Kuxe — beträgt hundert.

Durch das Statut kann die Zahl auf tausend bestimmt werden.

Die Kuxe sind untheilbar. Sie haben die Eigenschaft der beweglichen Sachen.

Das hiermit eingeführte Dezimal-System gewährt vor der bisherigen willkürlichen Eintheilung unstreitige Vorzüge, und nach den gemachten Erfahrungen werden im Allgemeinen, wo hundert Kuxe nicht genügen sollten, doch tausend ausreichen. Wenn aber der Besitz der Kuxe einer Gewerkschaft des ältern Rechts so getheilt ist, daß ihre Unterwerfung unter die Bestimmungen des neuen Rechts auch bei Kreirung von tausend Kuxen unmöglich sein würde, so kann nach § 235 der Novelle vom 9. April 1873 mit Genehmigung des Ministers für Handel, Gewerbe und öffentliche Arbeiten ausnahmsweise auch eine andere Zahl der Kuxe bestimmt werden.

Die Vorschrift, daß durch das Statut die Zahl der Kuxe auf 1000 festgesetzt werden kann, enthält ein der Majorität der Gewerken gesetzlich gewährtes Recht; denn diese, nicht die Bergbehörde, stellt das Statut fest; die Bergbehörde erscheint daher nicht befugt, wenn die Gewerkenversammlung von ihrem Rechte mit $^3/_4$ Mehrheit Gebrauch gemacht hat, dem betreffenden Beschlusse die Bestätigung zu versagen; sie würde sich sonst über das Gesetz stellen. Im Allgemeinen kann in dieser Beziehung auf das zum § 94 bereits Gesagte verwiesen werden.

Nichtsdestoweniger haben die Bergbehörden wiederholt die Bestätigung von Statuten versagt, worin die Zahl der Kuxe auf 1000 bestimmt war — und zwar aus dem Grunde, weil das betreffende Bergwerk nur eine geringfügige Ausdehnung bezw. nur einen mäßigen Werth besitze. cf. Rekursbescheid vom 10. März 1879. (Z. XX. 260, 261.) Bescheid vom 30. Mai 1879. (Z. XX. 399.) Beschluß des O.B.A. Bonn vom 31. Mai 1879. (Z. XX. 399.)

Die Bergbehörden halten, wie der nachstehende Rekursbescheid des Ministers der öffentlichen Arbeiten vom 24. Dezember 1882 zeigt, auch zur Zeit an jener Auffassung fest; dort heißt es nämlich:

„In Sachen, betreffend die erfolgte Versagung der Be-
„stätigung des vorgelegten Statutes für die Gewerkschaft
„„N. N.", wird auf die von dem Repräsentanten eingelegte
„Rekursbeschwerde auf Grund der Akten und in Erwägung,

„1) daß die Annahme,

„es stehe jeder Gewerkschaft ein unbeschränktes Wahl-
„recht in Beziehung auf die Feststellung der Zahl der
„Kuxe in 100 oder 1000 Kuxe zu, als irrthümlich
„bezeichnet werden muß, indem dabei von der un-
„haltbaren Voraussetzung ausgegangen wird, daß es
„sich bei der oberbergamtlichen Bestätigung des be-
„züglichen gewerkschaftlichen Statutes nur um die
„Kontrole der formalen Gesetzmäßigkeit des betreffen-
„den Gewerkschaftsbeschlusses handele,

„vergl. hierüber den Rekursbescheid vom 10. März 1879

„in der Zeitschrift für Bergrecht Band XX. Seite „260.

„2) in der Sache selbst die Anführung, daß das im Frage„falle in Betracht kommende Bergwerkseigenthum in „Zukunft durch weitere Aufwendungen auf dessen „Ausbau einen höheren Werth erlangen werde, für „unerheblich zu erachten ist, da bei der Prüfung, ob „der Werth eines gewerkschaftlichen Bergwerks vom „Gesichtspunkte des öffentlichen Interesses die An„nahme der Eintheilung in 1000 Kuxe zu rechtfer„tigen vermöge, nur der gegenwärtig vorhandene „Werthzustand in Berücksichtigung gezogen werden „kann,

„hierdurch gemäß § 191 des Allgemeinen Berggesetzes „vom 24. Juni 1865 (Gesetz-Sammlung Seite „705 ff.) zum Bescheide ertheilt:

„daß der Beschluß des Königl. Oberbergamts zu Bonn „vom 13. Septbr. d. Js. unter Verwerfung der er„hobenen Beschwerde, wie hiedurch geschieht, zu be„stätigen, und die Kosten des Verfahrens dem Re„kurrenten aufzuerlegen."

Inzwischen ergeben, ganz abgesehen davon, daß die Bergbehörden das durch das Gesetz ohne Vorbehalt Gestattete schwerlich untersagen können, auch die Motive zu dem § 101, daß die Eintheilung in tausend Kuxe von der Ausdehnung oder dem Werthe des Bergwerks nicht abhängig gemacht werden sollte. Die Fassung des § 101 nach der Regierungsvorlage lautete nämlich:

„Die Zahl der Kuxe beträgt tausend. Durch das Statut kann eine Untereintheilung in Zehntheile bestimmt werden."

In der Kommission des Herrenhauses sprach man sich gegen diese Fassung aus, weil die Zersplitterung in zehntausendstel Antheile eine zu große sei und weil es überhaupt bedenklich erscheine, zu gestatten, daß ein Theil der Kuxe in Zehntheile zerlegt werde, ein anderer Theil als ganze Kuxe erhalten bleibe. Dadurch könnten Mißverständnisse und Irrthümer aller Art entstehen. Man glaubte, daß die Eintheilung in tausend Kuxe dem Bedürfnisse vollständig genügen werde, und hielt es daher für das Einfachste, von der Untereintheilung in Zehntheile ganz Abstand zu nehmen. Von dieser Ansicht ausgehend wurde die neue Fassung des § 101, wonach jede Gewerkschaft des neuen Rechts durch die Kraft des Gesetzes in hundert Kuxe eingetheilt ist, durch das Statut aber die Zahl der Kuxe auf tausend bestimmt werden kann, vorgeschlagen und angenommen. Diese Aenderung ist alsdann in der Kommission des Abgeordnetenhauses als eine nicht glückliche bezeichnet worden, weil bei einzelnen Bergwerken von hohem Werthe eine Eintheilung in zehntausendstel Antheile wünschenswerth sei, zumal nach § 235 diese Eintheilung bei allen bereits bestehenden Gewerkschaften eintreten könne. Die Kommission fand jedoch hierin keinen genügenden Grund, der vom Herrenhause beschlossenen Aenderung nicht zuzustimmen.

Die ursprüngliche Regierungsvorlage wollte also die Eintheilung in tausend Kuxe als regelmäßige Minimalzahl; in den Kommissionsberathungen hat man sich nur gegen die Theilung der einzelnen Kuxe in Zehntel ausgesprochen, keineswegs aber die Zulassung von tausend Kuxen lediglich bei solchen Bergwerken ins Auge gefaßt, welche einen höheren Werth besitzen, vielmehr diese Eintheilung ganz in's Belieben der Gewerken gstellt und geglaubt, daß gerade die Schaffung von tausend Kuxen dem Bedürfnisse am Meisten entspreche.

Hat ein Ergwerk in der Gegenwart auch noch keinen besonders großen Werth, so kann dasselbe doch in der Folge durch die zu nachenden Aufschlußarbeiten und Anlagen sehr werthvoll werden, und gerade um die dazu erforderlichen Kapitalien mit größerer Leichtigkeit zu beschaffen, und um das mit den Vorrichtungsarbeiten und den sonstigen Anlagen verbundene Risko für den Einzelnen möglichst zu vermindern, erscheint es in vielen Fällen angezeigt, von vornherein von der durch das Gesetz ausdrücklichst gestatteten Befugniß Gebrauch zu machen und die Eintheilung in tausend Kuxe zu beschließen. Enen solchen Beschluß kann die Bergbehörde ohne Gesetzesveletzung durch Nichtbestätigung nicht illusorisch machen. Der Willensbestimmung der Gewerken muß in diesem Punkte umsomehr Anerkennung zu Theil werden, als die Vorschrift des § 101 zu denjenigen gehört, welche gemäß § 94 durch das Statut nicht abgeändert werden dürfen. Die Eintheilung der Kuxe in tausend stellt sich daher **nicht als eine Aenderung der gesetzlichen** Normen, sondern als eine Ausübung des den Gewerken gesetzlich zustehenden Wahlrechts dar

Durch die asgesprochene **Untheilbarkeit** der Kuxe wird vielen durch die früher gestattete ganz willkürliche Kuxeintheilung entanden Uebelständen vorgebeugt. Geht ein Kux durch Erbchaft oder eine rechtsgültige Willenserklärung in das Eigentum mehrerer Personen über, so haben dieselben zur Ausbung ihrer Rechte der Gewerkschaft gegenüber einen gemeinschftlichen Bevollmächtigten zu ernennen. Auch bereits vorhanene Bruchtheile immobiler Kuxe können nach einer Entscheidung des Appellationsgerichts zu Hamm vom 15. Mai 1874 Z. XV. 402 nicht willkürlich weiter getheilt werden.

Nach dem alten Rechte sind die Kuxe unbeweglicher Natur; der Gewerke kann seinen Besitztitel in das Hypothekenbuch eintragen lassen und seinen Kux mit Hypothekenschulden belasten; nach dem neueren Rechte haben die Kuxe die Eigenschaft beweglicher Sachen. Die mobilisirten Kuxe stellen nicht Antheile an dem Bergwerke als solchem, sondern Antheile an dem Vermögensinbegriffe der Gewerkschaft, dem Gesellschaftsvermögen dar. Diese Mobilisirung, welche also nicht das Bergwerk, sondern nur die Kuxe trifft, ist insofern von besonderem Vortheile, als einestheils der Kux, ähnlich der Aktie, in ein dem Handel mehr zugängliches und leichter veräußerliches Papier umgewandelt, und daher durch die mögliche Konkurrenz mit wirklichen Handelspapieren schon in seinem Werthe gesteigert wird, anderntheils aber auch der Gewerke durch die Möglichkeit der Verpfändung des Kuxscheins ohne bedeutende Kosten weit eher in der Lage ist, sich Kredit zu verschaffen, als er durch kostspielige Bestellung einer immerhin problematischen Hypothek vermochte. Eine Zersplitterung des Bergwerks-Eigenthums, wie sie bei der Immobiliarqualität der Kuxe des alten Rechts möglich, ist jetzt bei der Neugestaltung nicht mehr denkbar.

Wenn nun nach dem Ausgeführten die Vorschrift des § 101 eine wesentliche Verbesserung gegen den früher bestehenden Zustand enthält, so erscheint es doch fraglich, ob es nicht richtiger gewesen wäre, statt zu gestatten, daß Gewerkschaften des neuen Rechts mit hundert oder tausend oder unter Genehmigung des Handelsministers auch mit einer beliebigen andern Zahl von Kuxen entstehen können, die Zahl der Kuxe für alle Gewerkschaften des neuen Rechts auf eine einzige bestimmte Summe, etwa 1000 zu fixiren und daneben die Befugniß zu geben, jeden Kux in zehn Antheile zu zerlegen. Ein jeder Erwerber eines Kux hätte dann wenigstens sofort Klarheit darüber gehabt, mit welcher Quote er durch den Erwerb an der Gewerkschaft betheiligt sei; durch die Bezeichnung „Kux" wäre nicht nur die Spezies, sondern auch die Antheilsquote ($^1/_{1000}$) bestimmt gewesen. Heute kann man, wenn man nicht Irrungen ausgesetzt sein will, die Bergwerkseintheiluugen nicht einfach als Kuxe, sondern man muß sie als Hundertstel-, Tausendstel- oder sonstige Bruchantheile bezeichnen. Täuschungen sind daher um so leichter möglich, als das Gesetz nicht einmal vorschreibt, daß der Kuxschein die Anzahl der Antheile, worin die Gewerkschaft zerfällt, enthalten muß.

Klostermann in seinem Kommentar zum Allg. Berggesetz (dritte Aufl. S. 192) führt des Weitern aus, daß der mobilisirte Kux im Gegensatze zu der Aktie kein kurshabendes Papier darstelle, einestheils weil der Kuxschein weder ein bestimmtes nominelles Kapital noch auch eine fortlaufende Rente repräsentire, anderntheils weil derselbe, da sein Werth sich nicht in Prozenten des Nominalbetrages ausdrücken lasse, sowohl als Zahlungsmittel wie als Börsenpapier ungeeignet erscheine.

Dieser Auffassung kann jedoch nicht beigepflichtet werden. Für die Kursberechnung ist keineswegs erforderlich, daß das betreffende Effekt ein bestimmtes nominelles Kapital repräsentirt; Klostermann irrt, wenn er annimmt, der Kurswerth lasse sich nur in Prozenten des Nominalbetrages ausdrücken; ganze Kategorien von Aktien, wie die Aktien von Versicherungsgesellschaften, werden z. B. an der Berliner Börse nicht nach Prozenten, sondern per Stück gehandelt und im Kurszettel so notirt; in Oesterreich ist dies überhaupt für alle Aktien Brauch; für die Ermittlung des Werthes, und also auch des Kurswerthes eines Effekts, bedarf es eines festen Nominalbetrages nicht; was dabei in Betracht kommt und den Werth entscheidet, ist die innere Lage des betreffenden Unternehmens, seine finanzielle Gestaltung, der erzielte Gewinn, der unter die Betheiligten vertheilte Betrag u. dgl. m.

Eine „fortlaufende Rente", welche nach der Ansicht von Klostermann nothwendig sein würde, um dem Kuxschein die Eigenschaft eines kurshabenden Papiers zu geben, gewährt auch die Aktie nicht. Davon kann überhaupt nur bei Staatspapieren oder sonstigen Obligationen die Rede sein. Als „Zahlungsmittel" können aber kaum solche zinstragende Papiere, geschweige denn Aktien, dienen.

In der That werden auch alle Kuxe größerer, nennenswerther Gewerkschaften börsenmäßig gehandelt und ihre Kurse in den Berichten der Makler neben denjenigen von Aktien mit Brief und Geld notirt. So finden sich z. B. in dem Kursberichte von W. Sauer zu Essen an der Ruhr vom 17. Januar 1883 neben verschiedenen Aktien die mobilisirten Kuxe von mehr als achtzig Gewerkschaften aufgeführt, mit dem am Schlusse beigefügten Vermerk: „bei dem auf letzter Börse stattgehabten öffentlichen Verkauf wurden die Kuxe der Zeche Graf Bismarck mit M. 2325 bezahlt", wohl der beste Beweis, wie börsenmäßig der Handel in Kuxen betrieben wird.

Zweites Kapitel.

Von den Rechtsverhältnissen der einzelnen Betheiligten einer Gewerkschaft.

9. § 102. Die Gewerken nehmen nach dem Verhältniss ihrer Kuxe an dem Gewinne und Verluste Theil.

Sie sind verpflichtet, die Beiträge, welche zur Erfüllung der Schuldverbindlichkeiten der Gewerkschaft und zum Betriebe erforderlich sind, nach Verhältniss ihrer Kuxe zu zahlen (§§. 129. 130.).

Während der Aktionär sich durch einmalige Leistung des auf seinen Antheil entfallenden, bestimmt abgemessenen Kapitals liberirt, bleibt der Gewerke zur Zahlung von Beiträgen, Zubußen, wofür er mit seinem ganzen Vermögen haftet, andauernd verpflichtet, wenn und so lange er sich nicht von dieser Verpflichtung durch Aufgeben seines Antheils nach Anleitung der Vorschrift des § 130 befreit. Mit der Vertheilung von Ausbeuten, wozu übergegangen werden kann, ohne daß der Ablauf des Rechnungsjahres abgewartet zu werden braucht, werden dem Gewerken in kürzeren oder längeren Terminen auf seine Einlagen die der Gewerkschaft überflüssigen Gelder zurückerstattet, wogegen der Aktionär nur an dem nach Ablauf eines jeden Geschäftsjahres ermittelten Reingewinne partizipirt, wobei er sich Abzüge für Abschreibungen und Reserven gefallen lassen muß und keinen Anspruch auf Rückzahlung des von ihm eingezahlten Kapitals besitzt, welches der Gesellschaft, so lange sie besteht, der Regel nach intakt erhalten bleiben muß. Auf Gewerkschaften sind daher auch die für Aktiengesellschaften hinsichtlich der Aufstellung der Jahresbilanz, der Vornahme von Abschreibungen, der Bildung eines Reservefonds und der Vertheilung von Dividende geltenden Grundsätze nicht anwendbar.

Wie die Ausschreibung und Einziehung der Zubuße erfolgt, ist durch die §§ 120 und 129 bestimmt; über die Vertheilung der Ausbeute enthält dagegen das Gesetz keine nähere Bestimmung; diese Vertheilung bleibt daher den Beschlüssen der Gewerkenversammlungen vorbehalten, falls nicht bezügliche anderweite Anordnungen durch Statut getroffen sind.

Es ist die Frage entstanden, ob der einzelne Gewerke ein unbedingtes Recht auf die Vertheilung des disponiblen Ueberschusses besitze, — oder ob nicht vielmehr auf Grund Gewerkenbeschlusses dieser Ueberschuß für andere Zwecke der Gewerkschaft innebehalten werden könne. In einem Erkenntnisse vom 6. November 1876 Z. XIX. 500 hat das Preuß. Obertribunal sich in dieser Beziehung dahin ausgesprochen, daß der Gewerke nur dann berechtigt sei, seinen Antheil am Gewinne, Ausbeute, gegen die Gewerkschaft einzuklagen, wenn durch einen Gewerkenbeschluß festgesetzt worden, daß ein gewisser Betrag des Reinertrags als Gewinn betrachtet werden und zur Vertheilung kommen solle. Dagegen bilde der Reinertrag eines Jahres nicht ohne Weiteres einen vertheilungsfähigen disponiblen Gewinn.

Besitzt die Gewerkschaft ein Statut, so wird übrigens bei der Entscheidung solcher und ähnlicher Fragen zunächst auf die etwaigen diesbezüglichen statutarischen Bestimmungen zu rekurriren sein.

Für die Gewerkschaften des älteren Rechts gilt auch jetzt

noch der aus der Natur des Miteigenthums folgende Grundsatz, daß der durch den Betrieb eines Bergwerks erzielte Ertrag so lange einen Bestandtheil des Bergwerks selbst bildet, als derselbe nicht ausgesondert und den einzelnen Gewerken angewiesen ist. cf. Erkenntniß des Preuß. Obertribunals vom 15. Juni 1874 Z. XVII. 520.

10. § 103. Ueber sämmtliche Mitglieder der Gewerkschaft und deren Kuxe wird von der Gewerkschaft ein Verzeichniss — das Gewerkenbuch — geführt. Auf Grund desselben wird einem jeden Gewerken, welcher es verlangt, ein Antheilschein — Kuxschein — ausgefertigt.

Die Kuxscheine sind nach der Wahl des Gewerken über die einzelnen Kuxe oder über eine Mehrheit derselben auszustellen.

Die Kuxscheine dürfen nur auf einen bestimmten Namen, niemals auf den Inhaber lauten.

Die Erneuerung eines Kuxscheins ist nur gegen Rückgabe oder nach erfolgter Amortisation desselben zulässig.

Die Führung des Gewerkenbuchs und die Ausfertigung der Kuxscheine ist gemäß der Vorschrift des § 121 Sache des Repräsentanten oder Grubenvorstandes. Der Bergbehörde steht im Allgemeinen und abgesehen von dem Falle des § 239 in Bezug hierauf weder eine Mitwirkungsbefugniß noch ein Aufsichtsrecht zu. cf. Bescheid des Handelsministers vom 1. Mai 1872 Z. XIII. 290. Die Bergbehörde hat sich daher insbesondere auch der Entscheidung darüber zu enthalten, ob Umschreibungen im Gewerkenbuche auf Grund privatschriftlicher oder nur auf Grund öffentlicher Uebertragungsurkunden erfolgen können.

Ist jedoch von einer Gewerkschaft des älteren Rechts zufolge § 235a die Unterwerfung unter diejenigen Bestimmungen des vierten Titels, welche nach der Vorschrift des § 227 auf die bei Einführung des Allg. Berggesetzes bereits bestandenen Gewerkschaften kraft des Gesetzes keine Anwendung finden, beschlossen worden, — und sind die Antheile des einen oder anderen an einer solchen Gewerkschaft betheiligten Gewerken mit Hypotheken belastet, welche nach der Verfügung des § 236 in Pfandrechte an den mobilisirten Kuxen umgewandelt werden, — so erfolgt gemäß § 239 die Führung des Gewerkenbuches und die Ausfertigung der Kuxscheine durch die mit der Führung des Hypothekenbuchs über das Bergwerk selbst betraute Hypothekenbehörde, und zwar so lange, als solche Pfandrechte an den mobilisirten Kuxen überhaupt bestehen.

Daß die exakte Führung des Gewerkenbuchs und die korrekte Ausfertigung der Kuxscheine nicht nur im privaten, sondern auch im öffentlichen Interesse liegt und in mancher Hinsicht von erheblicher Bedeutung ist, bedarf keiner Ausführung; vielleicht wäre es daher angemessener und räthlicher gewesen, hiermit lediglich die Bergbehörde zu betrauen, wie dies in Bayern durch das neue Berggesetz thatsächlich geschehen ist, mit der Maßgabe, daß die Gewerkschaft ein Duplikat des Gewerkenbuchs führt, zu welchem Ende sie seitens der Bergbehörde von jedem Eintrage sofort benachrichtigt wird.

Das Allg. Berggesetz vom 24. Juni 1865 hat weder über die Einrichtung des Gewerkenbuchs noch über die Form der Kuxscheine Bestimmungen getroffen, — auch die Vernachlässigung der aus der Führung des Gewerkenbuchs und der Ausfertigung der Kuxscheine den Vertretern der Gewerkschaften entspringenden Pflichten nicht mit Strafe bedroht. Daß in Folge dessen mancherlei Unregelmäßigkeiten und Uebelstände entstehen, ist nicht zu verwundern. Nur für den vorgedachten Fall, daß gemäß § 239 die Führung des Gewerkenbuchs und die Ausfertigung der Kuxscheine durch die Bergbehörde erfolgt, hat die Instruktion vom 19. November 1866 hinsichtlich der Einrichtung der Gewerkenbücher und der Form der Kuxscheine nähere Anordnungen getroffen, wovon noch weiter unten zu jenem Paragraphen sub Nr. 55 die Rede sein wird. Diese Anordnungen können auch den Repräsentanten und Grubenvorstandsmitgliedern mit wenigen Modifikationen, worauf an der gedachten Stelle hingewiesen ist, zur Nachachtung empfohlen werden.

Von auf Namen lautenden Aktien unterscheiden sich die Kuxscheine, abgesehen davon, daß die ersteren über bestimmte Beträge lauten, auch dadurch, daß während die Aktien sämmtlich in einzelnen Stücken ausgefertigt werden, die Ausfertigung der Kuxscheine nach der Wahl des Gewerken entweder über je einen Kux oder auch über eine jede ihm konvenirende Anzahl von Kuxen zusammen erfolgen kann. Die Kuxscheine bilden als bloße äußere Dokumente über die Betheiligung des Gewerken etwas so Nebensächliches, daß sie überhaupt nur dann ausgefertigt zu werden brauchen, wenn dies der Gewerke ausdrücklich wünscht. Das Wesentliche ist die Eintragung der Betheiligung der Gewerken im Gewerkenbuche.

Die Art und Weise, wie die Ausfertigung der Kuxscheine erfolgt, stellt sich übrigens als eine recht schwerfällige und höchst komplizirte dar, so daß dabei eine genaue und vorsichtige Kontrole geboten erscheint. Der Gewerke kann, wie es ihm gerade beliebt, bald einen Kuxschein über seine sämmtlichen Kuxe, bald einen solchen über jeden einzelnen oder einen Theil derselben verlangen, und es muß jedesmal, auch beim Eigenthumsübergang, ein neuer Kuxschein ausgestellt werden. Die Schwierigkeiten bei der Ausfertigung und der Kontrole treten namentlich da zu Tage, wo der Kuxbesitz sehr zersplittert ist und das Eigenthum häufig wechselt. Viel praktischer wäre es gewesen, wenn das Gesetz die Ausfertigung eines Kuxscheins über jeden einzelnen Kux vorgeschrieben und den Vermerk der Uebertragung und der Umschreibung im Gewerkenbuch auf dem ursprünglichen Kuxscheine gestattet hätte. Eine solche das gegenwärtig durch das Gesetz vorgesehene Verfahren wesentlich erleichternde Anordnung kann nicht einmal durch das Statut getroffen werden, da die Bestimmung des § 103 unabänderlich ist.

Im Falle des Abhandenkommens von Kuxscheinen ist das Amortisationsverfahren auf Grund des § 110 des Allg. Berggesetzes und der §§ 823—836 der deutschen Civilprozeßordnung einzuleiten.

Da die Erneuerung des Kuxscheines nur gegen Rückgabe oder nach stattgehabter Amortisation desselben zulässig ist, so hat auch konsequenter Weise bei der Konsolidation von Bergwerken bezw. bei der Vereinigung verschiedener Gewerkschaften zu einer einzigen, die Rückgabe der von den einzelnen Gewerkschaften früher begebenen Kuxscheine zu erfolgen, bevor Kuxscheine der neuen Gewerkschaft ausgegeben werden dürfen. Sonst könnten Unzuträglichkeiten mancherlei Art entstehen und dritte Personen zu Schaden kommen.

11. § 104. Die Kuxe können ohne Einwilligung der Mitgewerken auf andere Personen übertragen werden.

Ein gesetzliches Vorkaufsrecht steht den Mitgewerken nicht zu.

Auch das frühere Recht machte die Veräußerung des Kux nicht von der Einwilligung der Mitgewerken abhängig; ebensowenig gestand es den letzteren ein Vorkaufs- oder Näherrecht zu.

12. § 105. Zur Uebertragung der Kuxe ist die schriftliche Form erforderlich.

Der Uebertragende ist zur Aushändigung des Kuxscheins und, wenn dieser verloren ist, zur Beschaffung der Amortisationserklärung auf seine Kosten verpflichtet.

Die Umschreibung im Gewerkenbuche darf nur auf Grund der Uebertragungsurkunde und gegen Vorlegung des Kuxscheins oder der Amortisationserklärung erfolgen.

Nach einem Bescheide des Appellationsgerichts zu Hamm vom 28. Mai 1873 Z. XVII. 528 bedarf es zur Uebertragung der Kuxe keines zweiseitigen Aktes zwischen den bisherigen Gewerken und dem neuen Erwerber, sondern es genügt eine einfache schriftliche Cession.

Durch die Cession, d. h. durch die Erklärung des Abtretenden, daß der Erwerber das abgetretene Recht als das seinige auszuüben befugt sein solle, und durch die Annahme dieser Erklärung seitens des Letzteren geht das Eigenthum schon über. Die Aushändigung des Kuxscheins bildet nicht die Bedingung dieses Eigenthumsüberganges. Daß der neue Erwerber befugt ist, die Ausantwortung der das abgetretene Recht verbriefenden Urkunde zu fordern, ist nur eine Folge der Uebertragung dieses Rechts. Das Allg. Berggesetz hat die

Verpflichtung des Uebertragenden zur Ausantwortung des Kuxscheins resp. der Amortisationserklärung festgestellt, ohne von dieser Ausantwortung den Uebergang des Eigenthums an dem Kux abhängig zu machen. In diesem dem § 105 beizulegenden Sinne hat sich auch das Preuß. Obertribunal in seinem Erkenntnisse vom 14. September 1877 Z. XIX. 103 ausgesprochen.

Die zum Eigenthumsübergange keineswegs erforderliche Umschreibung im Gewerkenbuche darf nach der gesetzlichen Vorschrift allerdings nur auf Grund der Uebertragungsurkunde und gegen Vorlegung des Kuxscheins bezw. der Amortisationserklärung erfolgen; selbstverständlich ist dabei vorausgesetzt, daß dem übertragenden Gewerken überhaupt ein Kuxschein ausgefertigt war; eine nachträgliche Ausfertigung würde bedeutungslos und überflüssig sein, da die Gewerkschaft den Kuxschein doch wieder einziehen und einen neuen ausfertigen müßte.

In den Erkenntnissen vom 21. Oktober 1875 Z. XVII. 506 und vom 29. April 1878 Z. XIX. 523 hat das Reichs-Oberhandelsgericht den Grundsatz ausgesprochen, daß ein Kaufvertrag über Kuxe an einem durch reale Feldestheilung entstandenen Bergwerke vor der oberbergamtlichen Bestätigung der von der Gewerkschaft beschlossenen Feldestheilung ungültig sei. Die Gewerkschaft kann, so lange diese Bestätigung nicht erfolgt ist, nur eine Anwartschaft auf Antheile an dem Bergwerkseigenthum übertragen, und die von ihr über solche Antheile ausgestellten Urkunden haben nicht die Rechtsnatur von Kuxscheinen, sind vielmehr fälschlich als Kuxscheine bezeichnet.

Ebenso hat das Reichs-Oberhandelsgericht mittelst Erkenntnisses vom 21. Dezember 1876 Z XIX. 253 einen Kaufvertrag über Kuxe an einem konsolidirten Bergwerke vor der oberbergamtlichen Bestätigung der Konsolidation für ungültig erklärt.

Derselbe Gerichtshof hat in seinem Erkenntnisse vom 12. Mai 1876 Z. XVII. 517 und übereinstimmend damit auch das K. Preuß. Obertribunal in seinem Erkenntnisse vom 9. Oktober 1877 Z. XIX. 257 den Grundsatz niedergelegt, daß überhaupt der Verkauf von Kuxen einer zur Zeit des Geschäftsabschlusses noch nicht bestehenden Gewerkschaft keine Gültigkeit habe, wenn dem Käufer die Nichtexistenz der Gewerkschaft unbekannt gewesen. Dagegen schließt die Wissenschaft des Käufers, daß es sich um Antheile einer erst in der Gründung begriffenen Gewerkschaft handelt, die Möglichkeit des Angriffs und der Ungültigkeitserklärung eines solchen Kaufes aus. Kuxe sind im Sinne des Gesetzes nur Antheile einer bereits rechtlich zur Existenz gelangten Gewerkschaft. Werden solche Antheile schon vor Vollendung der Gründung in den Verkehr gebracht, so erwirbt der Empfänger nicht eine bereits vorhandene Sache, sondern nur eine zukünftige Sache, d. i. einen Gründerantheil auf erst noch zu erwerbende Kuxe. Ist nun über die Kuxe, als bereits gegenwärtig existirend, also wie über existente, individuell bestimmte Sachen kontrahirt worden, so fehlt es allerdings an dem Vertragsgegenstande, was die Nichtigkeit des Vertrages zur Folge hat. Von dieser Rechtsanschauung ist übrigens auch das Reichs-Oberhandelsgericht noch in spätern gleichartigen Rechtsstreitigkeiten ausgegangen, wie seine Entscheidungen vom 29. April 1878 Z. XIX 523 und vom 15. September 1879 Z. XXI. 258 ergeben.

13. § 106. Wer im Gewerkenbuche als Eigenthümer der Kuxe verzeichnet ist, wird der Gewerkschaft gegenüber bei Ausübung seiner Rechte als solcher angesehen.

In ähnlicher Weise bestimmt das Handelsgesetzbuch, daß bei Aktiengesellschaften, deren Aktien auf Namen lauten, nur diejenigen als die Eigenthümer der Aktien im Verhältniß zu der Gesellschaft gelten, welche als solche im Aktienbuche verzeichnet sind, und daß, wenn der Betrag der Aktie noch nicht vollständig eingezahlt ist, der ursprüngliche Zeichner, trotz der Eintragung des neuen Aktionärs in das Aktienbuch, der Gesellschaft für den Rückstand verhaftet bleibt.

Der im Gewerkenbuche eingetragene Gewerke erscheint durch die Eintragung zur Ausübung aller Rechte eines Kuxeigenthümers der Gewerkschaft gegenüber legitimirt; zu diesen Rechten gehört insbesondere das Stimmrecht in den Gewerkenversammlungen und der Bezug der beschlossenen Ausbeuten. Die Gewerkschaft ist nicht berechtigt, für die Legitimation des Gewerken ein anderes Beweismittel als die Eintragung in das Gewerkenbuch gelten zu lassen. Dagegen muß man nach der Fassung des § 106, der auch durch das Statut nicht abgeändert werden kann, annehmen, daß für die Verpflichtungen des wirklichen Kuxeigenthümers gegen die Gewerkschaft die allgemeinen Rechtsgrundsätze unabhängig von jeder Eintragung zur Geltung kommen. Daher erscheint die Gewerkschaft berechtigt, auch von dem im Gewerkenbuche nicht verzeichneten, aber ihr bekannten wirklichen Eigenthümer des Kux die erforderlichen Beiträge zu beanspruchen und beizutreiben.

14. § 107. Bei freiwilligen Veräusserungen von Kuxen bleibt der seitherige Eigenthümer derselben der Gewerkschaft für die Beiträge (§. 102.) verpflichtet, deren Erhebung die Gewerkschaft beschlossen hat, bevor die Umschreibung der Kuxe im Gewerkenbuche gesetzlich (§. 105.) beantragt ist.

Der seitherige Kux-Eigenthümer hat hiernach ein Interesse, für die nach Anleitung des Gesetzes zu bewirkende Umschreibung im Gewerkenbuche Sorge zu tragen, wenn er sich nicht ungeachtet der Veräußerung dem Anspruche der Gewerkschaft auf Zahlung von Beiträgen aussetzen will; bis zu dem desfallsigen Antrage auf Umschreibung bleibt er immerhin für die vorher beschlossenen Beiträge verpflichtet. Ein Mittel, den Erwerber zur Beantragung der Eintragung zu zwingen, gibt das Gesetz nicht an die Hand, und es ist ihm eine Umschreibung ohne Antrag, auf Grund der Notorietät oder sonstwie, unbekannt. Auch ein nicht eingetragener Eigenthümer kann seinen Kux mit rechtlicher Wirkurg weiter veräußern, da nach Vorschrift des § 106 zur Legitimation des Eigenthümers die Eintragung nur der Gewerkschaft, nicht aber auch einem Dritten gegenüber erforderlich ist. Aus demselben Grunde gewährt das Gewerkenbuch dritten Personen bei der Frage nach dem wirklichen Eigenthümer des Kux keine sichere Auskunft. Die Gewerkschaft ist ohne Zweifel berechtigt, wenn es an einem direkten Uebergange seitens des letzteingetragenen Eigenthümers auf den gegenwärtigen Eigenthümer fehlt, von diesem bei der Anmeldung zur Eintragung zu verlangen, daß zuvor die im Gewerkenbuche nicht verzeichneten, zwischenzeitlichen Eigenthümer zur Vervollständigung der Reihe der Eintragungen nachträglich eingetragen werden. Für die Beitragsrückstände des Veräußerers haftet der neue Erwerber nicht.

Aus der Bestimmung des § 107 läßt sich der Schluß nicht ziehen, daß bei einer zwangsweisen Veräußerung der bisherige Gewerke frei werde; denn über die Verpflichtung des Gewerken disponirt der § 102 ganz allgemein und ohne eine andere Beschränkung als die des § 130. In diesem Sinne hat sich das Obertribunal in seinen Erkenntnissen vom 11. September 1871. Z. XII. 512 und vom 30. November 1874. Z. XVI. 117 ausgesprochen und zwar aus folgenden Gründen. Die Verhaftung des Gewerken für die Beiträge nach § 102 ist unzweifelhaft eine persönliche; deshalb erscheint die ihm im § 130 ertheilte Befugniß, seine Verurtheilung und die Exekution abzuwenden, indem er den Verkauf seines Antheils behufs Befriedigung der Gewerkschaft anheimstellt, als eine Ausnahme von der allgemeinen Regel, daß der persönliche Schuldner mit seinem gesammten Vermögen für die Erfüllung der Obligation verhaftet ist. Diese Ausnahmebestimmung darf nicht über die thatsächlichen Voraussetzungen, an welche sie im § 130 geknüpft ist, ausgedehnt werden und ist als Abweichung von einer allgemeinen Rechtsregel zu einer analogen Anwendung auf die Fälle des Zwangsverkaufs ungeeignet. Die Ansicht, daß es gleichgültig erscheinen müsse, ob der Gewerke freiwillig den Kuxschein überreicht und den Verkauf anheimstellt, oder ob im Wege der Exekution der Verkauf stattfindet, ist auch an sich nicht richtig. Zwischen dem Falle des § 130 und einer zwangsweisen Veräußerung durch Mobiliarversteigerung oder nothwendige Subhastation (§§ 131, 234) besteht keine Aehnlichkeit. Der Gewerke, der im Falle des § 130 seinen Kux der Gewerkschaft zum Verkaufe überläßt, erklärt damit, daß er seine Stellung als Gewerke aufgiebt. Er scheidet, vorbehaltlich etwaiger Ansprüche auf den Ueberschuß des Kaufpreises, ganz aus. Der Gewerke aber, der es zum Zwangsverkaufe kommen läßt, bleibt bis zum Zuschlage nach wie vor Gewerke und kann bis dahin die Exekution und den Zuschlag durch Zahlung der ausgeschriebenen Zubuße beseitigen. Diese in dem bezogenen Erkenntnisse des Obertribunals niedergelegte Rechtsanschauung ist auch diejenige von Oppenhoff, Allg. Bergrecht Nr. 589, 708, S. 145, 177 und von Plathner in Gruchots Beiträgen Bd. 13 S. 177. Die entgegenstehende Ansicht von Strohn, Zeitschrift für Bergrecht Bd. VII S. 53, 54 und von Klostermann, Kommentar zum Allg. Berggesetz, 2. Ausgabe, Note 230, 234 erscheint hiernach nicht haltbar.

15. § 108. Die Verpfändung der Kuxe geschieht durch Uebergabe des Kuxscheins auf Grund eines schriftlichen Vertrages.

Neben der Befugniß der Gewerkschaft des neuen Rechts, das ganze Bergwerk gemäß §§ 98 und 114 dinglich zu belasten und zur Hypothek zu stellen, steht jedem einzelnen Gewerken das Recht zu, die mobilisirten Kuxe durch bloßen schriftlichen Vertrag zu verpfänden. Die früher überhaupt gestattete und bei den Gewerkschaften des alten Rechts auch jetzt noch mögliche hypothekarische Eintragung der Kuxe ist für die mobilisirten Kuxe beseitigt. Bei der Einführung des Berggesetzes in das Gebiet des vormaligen Königreichs Hannover hat der § 108 den Zusatz erhalten, daß die Wirkung der erfolgten Verpfändung nach den in dem hannoverschen Gesetze über das Pfandrecht und die Befriedigung der Gläubiger im Konkurse vom 14. Dezember 1864 §§ 42 ff. über das Faustpfand gegebenen Vorschriften zu beurtheilen ist.

16. § 109. Die Exekution in den Antheil eines Gewerken wird durch Abpfändung seines Kuxscheins und Verkauf desselben im Wege der Mobiliarversteigerung vollstreckt.

Korrekt hätte hier vom Verkaufe des Antheils und nicht des Kuxscheins Rede sein sollen, es hätte das auch den Verfügungen der §§ 130, 131 entsprochen.

Ist kein Kuxschein ausgefertigt, so wird derselbe zunächst bei der Gewerkschaft in Beschlag zu nehmen sein. Derjenige, welcher Kuxscheine bezw. die entsprechenden Antheile, worüber dieselben lauten, in der Zwangsversteigerung ersteht, hat sich zum Beweise seines Eigenthums und behufs Eintragung im Gewerkenbuche eine beglaubigte Abschrift des Versteigerungsprotokolls ertheilen zu lassen, da auch in diesem Falle die Ueberschreibung im Gewerkenbuche nur auf Antrag erfolgen kann, wozu der bloße Besitz und die Vorlage des Kuxscheins nicht genügt, vielmehr eine Bescheinigung des Eigenthums-Uebergangs erforderlich ist.

Das Bayerische Berggesetz, welches die obige Bestimmung des § 109 in seinem Art. 99 fast wörtlich wiederholt, hat derselben den Zusatz beigefügt:

„Aus dem erlösten Kaufpreise werden zunächst die Kosten, sodann die schuldigen Beträge des Gewerken (Art. 92 Abs. 2) gezahlt."

Dadurch ist in Bayern gesetzlich anerkannt, daß die Gewerkschaft im Allgemeinen und nicht blos in dem durch die §§ 130, 131 vorgesehenen Falle der freiwilligen Abtretung des Kux von Seiten des Gewerken, ein Vorrecht wegen der rückständigen Zubuße auf den Erlös der verkauften Kuxe vor den Forderungen der Pfand- oder sonstigen Gläubiger besitzt. Diese Frage war im Geltungsbereiche des Allg. Berggesetzes für die preuß. Staaten lange streitig, bis sie durch wiederholte übereinstimmende Erkenntnisse des Preuß. Obertribunals, cf. Z. XVI. 117, XIX. 100 und 519, XXI. 92, 93 und 379, und zuletzt auch durch Erkenntniß des Reichsgerichts vom 15. Januar 1881 Z. XXII. 363, zum Nachtheile der Gewerkschaft entschieden worden ist. Bei diesen für die Gewerkschaften höchst bedeutungsvollen Entscheidungen sind folgende Erwägungen, die hier in ihren wesentlichen Sätzen mitgetheilt zu werden verdienen, leitend gewesen: „Der Gewerke ist verpflichtet, die zur Erfüllung der Schuldverbindlichkeiten der Gewerkschaft und zum Betriebe erforderlichen Beiträge nach Verhältniß seiner Kuxe zu zahlen; er kann sich aber von dieser persönlichen Verpflichtung, wofür er mit seinem ganzen Vermögen haftet, nach Anleitung der §§ 130, 131 befreien. Diese Vorschriften, welche dem Gewerken gestatten, seine Verurtheilung zur Zahlung der Beiträge und die Exekution dadurch abzuwenden, daß er unter Ueberreichung des Kuxscheins den Verkauf seines Antheils behufs Befriedigung der Gewerkschaft anheimstellt, in welchem Falle der Verkauf im Wege der Mobiliarversteigerung nach § 109 erfolgt, und aus dem Kaufpreise zunächst die Verkaufskosten und sodann die schuldigen Beiträge gezahlt werden, sind singuläre, und nur dann anwendbar, wenn der Gewerke selbst den Verkauf seiner Antheile zum Zweck der Befriedigung wegen der Zubuße der Gewerkschaft anheimstellt.

Der § 109 aber, der die Vollstreckung der Exekution in

die Bergwerksantheile überhaupt behandelt, gibt keine besondere Anweisung über die Vertheilung der Kaufgelder, ebenso wenig wie der § 234 eine solche bezüglich der unbeweglichen Kuxe des alten Rechts enthält, welche im Wege der Subhastation verkauft werden. In Ermanglung einer solchen besonderen Anweisung kann nur angenommen werden, daß die Vertheilung der Kaufgelder nach den allgemeinen im Zivilrecht geltenden Vorschriften erfolgen soll. Diese Annahme ist um so mehr geboten, als nach Inhalt der Motive bei Abfassung des Allg. Berggesetzes der Grundsatz maßgebend war, die allgemeinen zivilrechtlichen Vorschriften auch für die bergrechtlichen Verhältnisse anzuerkennen, um Rechtsstörungen und Konflikte zu vermeiden und das neue Berggesetz auf diejenigen Gegenstände zu beschränken, welche wegen der eigenthümlichen Natur des Bergbaues und wegen seiner besonderen Bedürfnisse eine von dem allgemeinen Rechte abweichende rechtliche Behandlung erheischen. Ueberhaupt kann in der Bestimmung des § 131, daß aus dem Kaufpreise zunächst die Verkaufskosten und sodann die schuldigen Beiträge gezahlt werden sollen, nicht die Ertheilung eines Vorzugsrechts für die Zubußeforderung der Gewerkschaft vor den andern Gläubigern, insbesondere nicht vor den Pfand- und Hypothekengläubigern des säumigen Gewerken gefunden werden. Es war hier nicht der Ort, eine Kollision mit den anderen Gläubigern des Gewerken zu regeln, weil es sich hier lediglich um die Beziehung zwischen der Gewerkschaft und dem Gewerken handelt, der unter Ueberreichung seines Kuxscheins den Verkauf seines Antheils zur Befriedigung der Gewerkschaft anheimgestellt hat, und weil ferner der Gewerke, der seinen Antheil zum Faustpfand bestellt und zu dem Zwecke dem Faustpfandgläubiger den Kuxschein übergeben hat, ohne Rückerwerb des Kuxscheins gar nicht in der Lage ist, den Verkauf aus § 130 der Gewerkschaft anzubieten.

Hätte der Gesetzgeber ein solches Vorrecht einführen wollen, worüber aus den Motiven Nichts verlautet, so würde er dies unzweifelhaft in einer ausdrücklichen Anordnung gethan haben, und zwar an der Stelle, wohin ein solcher Satz nach der systematischen Anordnung des Allg. Berggesetzes gehörte, nämlich im Anschluß an den § 109, wo von der Vollstreckung der Exekution in die Kuxe die Rede ist. Die Motive sagen auch mit keinem Worte, daß die Einführung eines solchen Vorrechts beabsichtigt worden. Im Anschlusse an die erstrebte Uebereinstimmung mit dem Zivilrechte und in der Absicht, dessen Vorrechtsordnung einzuführen, hebt der § 249 des Allg. Berggesetzes die Vorrechte der sogenannten Berggläubiger auf, womit sich die Annahme nicht vereinigen läßt, daß das Berggesetz im § 181 ein neues, vom Zivilrechte abweichendes Vorrecht der Gewerkschaft an den Kuxen wegen der Zubuße hat schaffen wollen. Auch wird in keinem ähnlichen Rechtsinstitute des Allg. Landrechts dem Mitgenossen wegen Ansprüchen aus der Gemeinschaft an einen andern Mitgenossen ein Vorzugsrecht vor dessen Gläubigern gewährt. Die mobilen Kuxe des Allg. Berggesetzes sind Geschäftsantheile, über welche ausschließlich der Gewerke das Eigenthums- und Verfügungsrecht hat. Insbesondere kann er diese Kuxe zur Sicherstellung seiner Privatschulden durch Verpfändung benutzen. Diese Kreditfähigkeit würde in Frage gestellt, wenn der Faustpfandgläubiger der Kuxe der Besorgniß ausgesetzt wäre, daß ihm das Objekt seiner Befriedigung gegen das Prinzip der Publizität durch ihm unbekannte, lediglich von der Mehrheit in den Gewerkenversammlungen abhängige Zubußausschreibungen entzogen werden könnte. Bei den Gewerkschaften des alten Rechts steht dem beanspruchten Vorzugsrechte die Hypothekenbuch- und Grundbuchverfassung entgegen; die Gewerken sind hier im Grundbuche als Miteigenthümer einer unbeweglichen Sache eingetragen. Indem der Gewerke seine Kuxe zur Hypothek bestellt, erwirbt der Gläubiger an diesem Miteigenthumsantheile des Bergwerks ein Hypothekenrecht, dessen Realisirung er nach der gesetzlichen Rangordnung erwarten darf und dessen Werth ihm nicht durch persönliche Forderungen der andern Mitgewerken aus der zwischen diesen und seinem Verpfänder bestehenden Gemeinschaft geschmälert werden kann.

Sowohl die Vertheidiger des dinglichen oder Pfand- und des Vorzugsrechts als auch die Gegner finden Unterstützungsmomente für ihre Ansichten in dem Rechtszustande vor Einführung des Allg. Berggesetzes und in der Entstehungsgeschichte des § 130 des Allg. Berggesetzes, und es ist daher auf diese beiden Punkte näher einzugehen.

Das Allg. Landrecht bestimmte Th. II. Tit. 16, §§ 274, 280—282, daß der mit der Zahlung der Zubuße säumige Gewerke seiner Kuxe durch Dekret des Bergamts verlustig erklärt werden konnte. Der kaduzirte Kux wurde zum Besten der Gewerkschaft verkauft oder gegen Entrichtung der rückständigen Zubuße einem s. g. gehorsamen Gewerken oder auch einem Fremden überlassen. Vermöge eines dinglichen Rechts ging der Zubußerückstand auf den neuen Erwerber nicht über. Seine Zahlungsverpflichtung beruhte auf seiner Uebernahmeerklärung; auch bei freiwilligen Veräußerungen eines Kux sollte nach dem Allg. Landrechte l. c. § 261 die Zuschreibung nicht eher erfolgen, als bis der Käufer sich zur Uebernahme des Zubußrückstandes bereit erklärt hatte. Einer solchen Uebernahmeerklärung würde es aber beim Vorhandensein eines dinglichen Rechts gar nicht bedurft haben. Nach § 331 l. c. verlor der Hypothekengläubiger mit der Kaduzirung des Kux sein dingliches Recht; dieser Verlust wird aber als eine Folge des Untergangs des Pfandobjekts aufgefaßt. Mit dem Kaduzirungsdekret fiel der Kux an die Gewerkschaft und der Hypothekengläubiger verlor sein Pfandrecht. Aus dieser gleichzeitig eintretenden Wirkung läßt sich aber nicht ein dingliches oder Vorzugsrecht der Gewerkschaft vor dem Hypothekengläubiger konstruiren, welches etwa auch außer dem Falle der Kaduzirung zur vorzugsweisen Befriedigung der Gewerkschaft geführt hätte; thatsächlich war Letzteres nicht der Fall. Abgesehen von dem durch das neue Recht aufgehobenen Kaduzirungsverfahren, welches aber auch früher nicht nothwendig eintreten mußte, ist es also nicht richtig, wenn behauptet wird, der frühere Rechtszustand sei ein für die Gewerkschaft günstigerer gewesen.

Auch aus der Entstehungsgeschichte des § 131 kann die Anordnung eines Vorrechts der Gewerkschaft nicht hergeleitet werden. Die Fassung in der Regierungsvorlage: „Der Verkauf des Antheils erfolgt im Wege der Exekution nach Vorschrift des § 109, — aus dem gelösten Kaufpreise werden zunächst die Verkaufskosten und sodann die schuldigen Beiträge gezahlt. Der Rest gebührt den etwaigen Gläubigern, und nur was nach Befriedigung derselben übrig bleibt, kann der Gewerke in Anspruch nehmen." erklärt sich dadurch, wie auch der Verfasser des Berggesetzes sagt (Z. XX. S. 77), daß es sich lediglich um die Beziehungen zwischen Gewerkschaft und Gewerken handelte, nicht aber darum, die Kollision der Gewerkschaft mit den andern Gläubigern des Gewerken zu entscheiden. Die Erwähnung dieser andern Gläubiger ist also nur eine beiläufige und überdies in das Gesetz selbst gar nicht übergegangen. Die Motive ordnen kein Vorrecht an, bemerken vielmehr, „daß der Erlös nach den den allgemeinen Grundsätzen entsprechenden Vorschriften des § 131 erfolgen solle." Damit kann nur auf die allgemeinen zivilrechtlichen Vorschriften verwiesen sein, ganz entsprechend der Tendenz des Berggesetzes, sich möglichst mit dem allgemeinen Zivilrecht in Einklang zu setzen, und diese Tendenz ist von den Kommissionen beider Häuser des Landtags gebilligt worden.

Das Vorrecht der Gewerkschaft kann auch nicht, wie versucht worden ist, aus den allgemeinen Grundsätzen des Miteigenthums hergeleitet werden, davon ausgehend, daß als Antheil des Gewerken nur das zu erachten sei, was nach Abzug der an die Gemeinschaft zu machenden Gegenleistung übrig bleibe, der Nettoantheil, wobei auf den auf gleichem Prinzip beruhenden § 44 der Reichs-Konkursordnung Bezug genommen wird. Ebensowenig kann aus dem Absonderungsrechte gewisser Gemeinschaften auf das Bestehen des Vorzugsrechts geschlossen werden. Besteht doch bei der Gewerkschaft des neuen Rechts zwischen ihr und den Gewerken gar keine Vermögensgemeinschaft. Die Gewerkschaft besitzt als selbstständiges Rechtssubjekt ihr eigenes Vermögen, woran dem Gewerken kein Miteigenthum zusteht. Andererseits hat auch die Gewerkschaft an dem im Sondereigenthum des Gewerken befindlichen Kux kein auf einer Gemeinschaft beruhendes Recht.

Mit Recht wird die Anwendbarkeit des § 44 der Reichs-Konkursordnung auf Aktiengesellschaften und Kommanditgesellschaften auf Aktien verneint, weil bei diesen das Recht des Gesellschafters in der veräußerlichen Aktie, nicht in einem quotitativen Anspruch an das Aktivvermögen besteht.

Die Gewerkschaften des alten Rechts haben keine juristische Persönlichkeit; die Gewerken sind als Miteigenthümer die Rechtssubjekte; bei ihnen ist ebenso wie bei den Gewerkschaften des neuen Rechts eine Theilung und Auseinandersetzung, so lange die Gewerkschaft besteht, unmöglich, also eine Gelegenheit zur Geltendmachung des Absonderungsrechts nicht gegeben.

Uebrigens ist auch das Absonderungsrecht des § 44 der Konkursordnung von dem hier in Frage stehenden Vorrechte der Gewerkschaft vollständig verschieden.

Wenn auch scheinbar eine Unbilligkeit darin liegt, daß die von den gehorsamen Gewerken gezahlte Zubuße zum Besten des Bergwerks verwendet werde und dessen Werth und in Folge dessen auch denjenigen der den säumigen Gewerken gehörenden Kuxe erhöhe, so begründet doch die Nützlichkeit der Verwendung nicht die Dinglichkeit und nicht ein Vorrecht für die auf die Erstattung der Verwendung gerichtete Forderung. Nach der Rangordnung der Allg. Gerichtsordnungen kamen gewisse Verwendungen erst nach den Hypothekengläubigern in der vierten Klasse zur Hebung, und ebenso gingen unter den Berggläubigern die Hypothekenforderungen den Verwendungsansprüchen vor. Die Konkursordnung vom 5. Mai 1855 kennt ein Vorrecht auf Grund der Verwendung überhaupt nicht mehr.

Auch aus der rechtlichen Beschaffenheit des Kux ergibt

sich die Nothwendigkeit des Vorrechts nicht. Bei der Einführung des Allg. Berggesetzes in das frühere Herzogthum Nassau hat der Gesetzgeber, mit Rücksicht auf die bezüglich des Bestehens des Vorrechts in der Literatur vertretenen Ansichten, die ausdrückliche Versagung des Vorrechts sehr wohl mit der rechtlichen Natur des Kuxes vereinbar gehalten."

Nachdem sich in dieser Weise das Reichsgericht über die Frage ausgelassen, erscheint der Kampf, der lange hin und her getobt und auch im Landtag die Gemüther erregt hat, wenigstens de lege lata beendet. cf. Abhandlungen von Arndt Z. XIX. 200, Plathner Z. XIX. 353, Raht Z. XIX. 452, Brassert Z. XX. 71, Baron Z. XX. 307 und die Landtagsverhandlungen über den Antrag Hammacher Z. XIX. 325. Die Gesetzgebung wird sich aber voraussichtlich mit dieser Frage noch weiter zu beschäftigen haben, da eine Beruhigung der Betheiligten noch immer nicht eingetreten ist, und der Ruf nach einer Aenderung des bestehenden Rechtszustandes bald wieder laut werden wird. Eine solche Aenderung würde zweckentsprechend dahin eintreten können, daß der Erwerber eines Kux, welcher sein Eigenthumsrecht nicht gemäß der §§ 131 und 132 von der Gewerkschaft selbst herleitet, nur dann als Eigenthümer des Kux in das Gewerkenbuch eingetragen werden kann, wenn vorher die auf den Kux rückständig gebliebenen Zubußen gezahlt sind. Durch eine solche Bestimmung würde das Prinzip, daß für die rückständige Zubuße nur der Gewerke persönlich und nicht auch der Kux dinglich haftet, nicht alterirt. Es bliebe Sache des Erwerbers, zu prüfen, ob der Veräußerer des Kux seine Verpflichtung der Gewerkschaft gegenüber erfüllt hat, und eventuell hätte er dafür zu sorgen, daß dies geschieht. Der

Erwerber würde bei Normirung des Kaufpreises die rückständige Zubuße mit in Betracht ziehen. Der Gläubiger, dem der Kux verpfändet ist, fände Veranlassung, seinen Schuldner an die Zahlung der Zubuße zu erinnern, oder im Nichtzahlungsfalle den Kux baldmöglichst zur Versteigerung zu bringen, während nach der gegenwärtigen Lage der Gesetzgebung der Pfandgläubiger gerade das entgegengesetzte Interesse besitzt, das Interesse nämlich, daß sein Schuldner etwa disponible Gelder nicht an die Gewerkschaft auf die Zubuße, sondern an ihn selbst auf die Schuld abträgt. Dadurch, daß die Zubußzahlung unterbleibt, verliert jetzt der Kux in der Hand des Gläubigers nicht an Werth!

Auch dürfte sich in Verbindung hiermit eine Bestimmung empfehlen, wonach nur derjenige eingetragene Gewerke in den Gewerkenversammlungen und sonstwie Rechte auszuüben befugt ist, auf dessen Kuxe keine Zubußen rückständig sind. Wer Rechte ausüben will, muß seinen Verbindlichkeiten genügt haben! Uebrigens kann, so lange die Gesetzgebung keine Abhülfe schafft, durch statutarische Beschlüsse geeignete Vorsorge getroffen werden.

17. § 110. Die Amortisation eines verloren gegangenen Kuxscheins ist bei dem ordentlichen Gerichte, in dessen Bezirk das Bergwerk liegt, zu beantragen.

Der Antragsteller muss den Besitz und Verlust des Kuxscheins glaubhaft machen.

Das Gericht erlässt eine öffentliche Aufforderung an den unbekannten Inhaber des Kuxscheins, binnen drei Monaten den Kuxschein dem Gerichte vorzulegen, mit der Verwarnung, dass sonst der Kuxschein werde für kraftlos erklärt werden.

Die Aufforderung wird dreimal in das Amtsblatt, den Staatsanzeiger und eine inländische Provinzialzeitung eingerückt. Es kann daneben auch die Bekanntmachung durch eine ausländische Zeitung angeordnet werden.

Wird von einem Inhaber der Kuxschein vorgelegt, so ist dem Antragsteller hiervon Kenntniss zu geben und ihm zu überlassen, sein Recht gegen den Inhaber geltend zu machen.

Meldet sich Niemand, so erklärt das Gericht den Kuxschein für kraftlos.

Nicht blos der im Gewerkenbuche eingetragene Eigenthümer, sondern Jeder, welcher in irgend einer Weise in dessen Rechte eingetreten, kann die Amortisation beantragen, und zwar bei dem betreffenden Amtsgerichte; im Uebrigen gilt bezüglich des Verfahrens das auf Seite 44 Ausgeführte.

Die bisher in den beiden ersten Kapiteln unter 1—17 behandelten §§ 94—110 des Allg. Berggesetzes dürfen durch das Statut nicht abgeändert werden.

Drittes Kapitel.

Von der Beschlußfassung der Gewerkschaft.

18. § 111. Die Gewerken fassen ihre Beschlüsse in Gewerkenversammlungen.

Das Stimmrecht wird nach Kuxen, nicht nach Personen ausgeübt.

Hiermit ist, wie auch die Motive ergeben, eine Beschlußfassung durch Briefwechsel oder Cirkuläre ausgeschlossen, es sei denn, daß dieselbe durch einstimmige schriftliche Erklärung aller Gewerken unter Verzicht auf Einberufung einer Gewerkenversammlung zu Stande käme, oder daß das Statut eine Beschlußfassung durch Cirkuläre oder sonstwie außerhalb der Gewerkenversammlung gestattete. Hinsichtlich der Ausübung des Stimmrechts wird hier auf das Seite 17 Gesagte verwiesen.

19. § 112. Zur Gültigkeit eines Beschlusses ist erforderlich, dass alle Gewerken anwesend oder unter Angabe des zu verhandelnden Gegenstandes zu einer Versammlung eingeladen waren.

Einladungen durch die Post erfolgen gegen Post-Insinuationsschein.

Gewerken, welche weder im Inlande, noch in einem Deutschen Bundesstaate wohnen, haben zur Empfangnahme der Einladungen einen Bevollmächtigten im Inlande zu bestellen. Ist dies nicht geschehen, so reicht ein vierzehntägiger Aushang am Amtslokale des Revierbeamten aus.

Dasselbe gilt bei Gewerken, deren Wohnort unbekannt ist.

Das Preuß. Obertribunal hat sich in einem Erkenntnisse vom 17. Dezember 1875 Z. XVII. 92 dahin ausgesprochen, daß unter dem Ausdrucke „alle Gewerken" nicht alle diejenigen Personen zu verstehen seien, welche Eigenthumsrechte an dem gewerkschaftlichen Bergwerke bezw. an den Kuxen haben, sondern nur diejenigen, welche nach den einschränkenden Vorschriften des Bergrechts bei Ausübung von Gewerkenrechten gegenüber der Gewerkschaft als Gewerken angesehen werden sollen; denn nach den §§ 103 und 106 des Allg. Berggesetzes gilt als Gewerke nur derjenige, welcher als solcher im Gewerkenbuche verzeichnet ist. Der darin nicht eingetragene Kuxeigenthümer hat keine Gewerkenrechte, ist deshalb auch nicht berechtigt, an der Gewerkenversammlung Theil zu nehmen, und braucht mithin auch zu derselben nicht eingeladen zu werden.

Nach den §§ 226, 227 des Allg. Berggesetzes finden auf die bei dessen Einführung bereits bestandenen Gewerkschaften die §§ 103 und 106 keine Anwendung; bei ihnen wird kein Gewerkenbuch geführt, vielmehr sind nach § 229 womit der § 266 Tit. 16 Th. II des Allg. Landrechts übereinstimmt, die einzelnen Gewerken als Eigenthümer ihrer Kuxe in das Hypothekenbuch einzutragen. Nach den Motiven wiederholt der § 229 des Allg. Berggesetzes nur bestehendes Recht und hieraus folgt, daß der Grundsatz des § 267 Tit. 16 Th. II des Allg. Landrechts: „Nur derjenige ist als wahrer Eigenthümer eines Bergtheils zu betrachten, der als solcher im Gegenbuche steht", für die Gewerkschaften des alten Rechts maßgebend geblieben ist.

Wie demnach bei den Gewerkschaften des neuen Rechts die Ausübung von Gewerkenrechten durch die Eintragung des Gewerken im Gewerkenbuche bedingt ist, so ist bei den alten Gewerkschaften die Eintragung im Berggegen- und Hypothekenbuche für die Geltendmachung solcher Rechte absolutes Erforderniß.

Die Einladung zu der Gewerkenversammlung muß den zu verhandelnden Gegenstand angeben, d. h. wenigstens soweit bestimmt bezeichnen, daß jeder Gewerke dadurch in den Stand gesetzt wird, sich im Allgemeinen zur Sache zu informiren und ein Urtheil darüber zu bilden, welche Tragweite der bezüglichen Angelegenheit für das gewerkschaftliche Unternehmen beizumessen ist. In diesem Sinne hat sich auch ein Rekursbescheid des Handelsministers vom 24. September 1875 Z. XVI. 525 ausgesprochen und einen gewerkschaftlichen Konsolidationsbeschluß für nichtig erklärt, weil bei der Einladung zu der beschlußfassenden Gewerkenversammlung die Namhaftmachung der zu konsolidirenden Bergwerke unterblieben war.

Uebrigens findet nach einem Erkenntnisse des Reichsgerichts vom 30. Oktober 1880 Z. XXII. 360 die Vorschrift des § 112, daß bei Einladungen zu den Gewerkenversammlungen der zu verhandelnde Gegenstand anzugeben ist, auf Sitzungen des Grubenvorstandes keine analoge Anwendung.

Einladungen durch die Post erfolgen gegen Post-Insinuationsschein. Was diese Scheine, unter denen die für die Insinuation gerichtlicher oder außergerichtlicher Verfügungen vorgeschriebenen postamtlichen Bescheinigungen zu verstehen sind, im Detail enthalten sollen, ist nicht vorgeschrieben. Namentlich verlangt Inhalts einer Entscheidung des K. Preuß. Obertribunals vom 7. Februar 1868 Z. X. 413 das Gesetz nicht, daß die in der Einladung geschehene Angabe des zu verhandelnden Gegenstandes und das im Falle des § 113 darin aufzunehmende Präjudiz aus den Insinuationsdokumenten erhellen.

Einladungen mittels eingeschriebener Briefe genügen nicht, wenn solche nicht durch das Statut für zulässig erklärt sind.

Es handelt sich nämlich, wie auch ein Erkenntniß des Appellationsgerichts zu Hamm vom 3. März 1876 Z. XVII. 512 ausführt, um den kürzest zu liefernden Beweis, daß die Einladung zur Gewerkenversammlung gemäß § 112 bewirkt ist. Durch die Rezipisses über rekommandirte (eingeschriebene) Briefe wird aber nur bewiesen, daß der Adressat überhaupt einen Brief aus einem bestimmten Ort und eventuell auch von einem bestimmten Absender erhalten hat; der Inhalt des Briefes wird dadurch nicht konstatirt.

Das Braunschweigische Gesetz gestattet im § 114 Einladungen an auswärtige Gewerken rekommandirt gegen Rückschein durch die Post zu befördern, und das Bayerische Gesetz in Art. 101, auswärtige Gewerken, welche keinen Bevollmächtigten im Inlande zur Empfangnahme der Einladungen bestellt haben, in einer wenigstens funfzehn Tage vor Abhaltung der Gewerkenversammlung zu veröffentlichenden Bekanntmachung zu derselben einzuladen und zwar, wenn zu den öffentlichen Bekanntmachungen der Gewerkschaft satzungsmäßig bestimmte Blätter bezeichnet sind, in diesen, außerdem in dem Amtsblatte des Kreises, in welchem die Gewerkschaft ihren Sitz hat.

Von dem Rechte, die etwas schwerfälligen Formalitäten des § 112 durch Statut abzuändern, wird vollauf Gebrauch gemacht; in vielen Fällen werden für die Einladungen eingeschriebene Briefe an die im Gewerkenbuche verzeichneten Gewerken, wobei der darin eingetragene Wohnort der Gewerken allein maßgebend ist, für genügend erklärt; in anderen Fällen sind bestimmte Blätter vorgesehen, in denen die Einladungen zu ergehen haben; oft werden auch beide Formen der Einladungen nebeneinander beliebt.

Uebrigens liegt nach dem vorbezogenen Erkenntnisse des Appellationsgerichts zu Hamm vom 3. März 1876 dem gegen einen Gewerken klagenden Grubenvorstande zur Begründung der Klage ob, darzuthun, daß der Beschluß unter Befolgung der Vorschriften des § 112 zu Stande gekommen ist.

Gegenwärtig muß unter „Inland“ im Sinne des § 112

nicht nur Preußen, sondern das ganze deutsche Reichsgebiet verstanden werden. cf. auch Beschluß des O.B.A. Bonn vom 9. November 1871 Z. XIII. 136 und Rekursbescheid vom 17. April 1879 Z. XX. 265.

20. § 113. Die Beschlüsse werden in der beschlussfähigen Gewerkenversammlung mit einfacher Stimmenmehrheit gefasst.

Beschlussfähig ist die erste Versammlung, wenn die Mehrheit aller Kuxe vertreten ist.

Ist die Mehrheit aller Kuxe nicht vertreten, so sind sammtliche Gewerken zu einer zweiten Versammlung einzuladen.

Die zweite Versammlung ist ohne Rücksicht auf die Zahl der vertretenen Kuxe beschlussfähig. Diese Folge muss indess, wenn sie eintreten soll, in der Einladung angegeben werden.

Ueber jede Gewerkenversammlung ist ein Protokoll aufzunehmen.

Zur Stimmenmehrheit genügt also die für eine Meinung abgegebene relativ größte Stimmenzahl; es ist nicht absolute Stimmenmehrheit, nicht mindestens eine Stimme mehr als die Hälfte der abgegebenen oder vertretenen Stimmen erforderlich. Bei Stimmengleichheit gilt der Antrag als abgelehnt, mit der Maßgabe des § 118, daß wenn es sich um eine Wahl handelt, in diesem Falle das Loos entscheidet.

Die Vertretung der Gewerken in den Gewerkenversammlungen durch Bevollmächtigte ist gesetzlich nicht ausgeschlossen; die meisten Statuten enthalten hierüber nähere Vorschriften; besagt aber das Statut hinsichtlich der Vertretung nichts, so ist anzunehmen, daß dieselbe, falls keine gesetzliche Vertretungsbefugniß vorliegt, nur auf Grund schriftlicher Vollmacht nach allgemein zivilrechtlichen Grundsätzen erfolgen kann, und daß die Versammlung über die Legitimation des Vertreters zu entscheiden hat. In der bereits zu dem vorigen § 112 bezogenen Entscheidung des Appellationsgerichtshofes zu Hamm vom 3. März 1876 ist der Rechtssatz niedergelegt, daß die nachträgliche Genehmigung der Abstimmung eines nicht legitimirten Vertreters seitens des vertretenen Gewerken einen Gewerkschaftsbeschluß, welcher wegen Mangels der Vertretung der gesetzlich erforderlichen Anzahl Kuxe ungültig ist, nicht zu einem gültigen macht. Quod ab initio vitiosum est, tractu temporis convalescere nequit. In demselben Sinne hatte sich auch das Preuß. Obertribunal bereits in dem Erkenntniß vom 12. Juli 1875 Z. XVII. 66 ausgesprochen. Vor Einführung des Allg. Berggesetzes war allerdings das Verfahren üblich, daß in der Gewerkenversammlung anwesende Gewerken für abwesende als Bevollmächtigte auftraten und an der Abstimmung Theil nahmen, mit der Erklärung, die Vollmacht oder die Genehmigung der Stimmenabgabe seitens des betreffenden Gewerken nachbringen zu wollen, was denn auch demnächst geschah. Man ging davon aus, daß nach § 120 Th. I. Tit. 13 des Allg. Landrechts Miteigenthümer gemeinschaftlicher Sachen oder Rechte in dieser gemeinschaftlichen Angelegenheit vermuthete Vollmacht für sich haben. Diese Anschauung paßt aber nur auf Gewerkschaften des älteren Rechts, deren Kuxe immobiler Natur sind, hier stehen sich die Gewerken als Miteigenthümer gegenüber; bei der Gewerkschaft des neueren Rechts dagegen sind die Mitbetheiligten, d. h. die Besitzer der mobilen Kuxe, nicht Miteigenthümer des Bergwerks; dasselbe gehört vielmehr der mit juristischer Persönlichkeit ausgestatteten Gewerkschaft.

Das nämliche Erkenntniß des Obertribunals enthält den Rechtssatz, daß Legitimationsmängel der an der Beschlußfassung betheiligten Personen bei Anfechtung der Rechtsgültigkeit eines Gewerkschaftsbeschlusses auch dann geltend gemacht werden können, wenn dieselben in der Gewerkenversammlung ungerügt bleiben. Auch kann nach dieser Entscheidung ein gewerkschaftlicher Repräsentant das ihm in seiner Eigenschaft als Mitglied der Gewerkschaft zustehende Stimmrecht bei der Beschlußfassung über die Ertheilung der Decharge bezüglich der von ihm gelegten Jahresrechnung ausüben. Die Motive zum Allg. Berggesetze bemerken zwar, daß die Vorschriften über die Gewerkschaftsverfassung, „soweit gemeinsame Grundsätze am Platze sind", sich an das Recht der Aktiengesellschaften anschließen, wie solches durch das Handelsgesetzbuch und das Gesetz über die Aktiengesellschaften gestattet ist; namentlich sei das Rechtsverhältniß des Repräsentanten nach Analogie der Vorschriften des Handelsgesetzbuchs über den Vorstand der Aktiengesellschaft gebildet, — indessen kann man deshalb doch dem Repräsentanten bei der Rechnungslegung seine Stimme als Mitgewerken nicht in gleicher Weise entziehen, wie dies durch Art. 239 des Handelsgesetzbuchs bezüglich der bei der Geschäftsführung betheiligten Aktionäre geschehen ist. Denn die Stellung des Gewerken zur Gewerkschaft ist eine andere als die des Aktionärs zur Aktiengesellschaft. Vermöge der Art der Betheiligung des Gewerken durch die periodischen Zubußleistungen und Ausbeutebezüge ist das Interesse des Gewerken zum Bergwerke ein viel unmittelbareres, als das des Aktionärs zum Aktienunternehmen. Gesetzlich hat der Gewerke einen viel größeren Einfluß auf die Geschäftsführung und den Betrieb des Unternehmens als der Aktionär. Es würde daher in der Entziehung des Stimmrechts für den rechnungslegenden Repräsentanten in der rechnungsabnehmenden Gewerkenversammlung eine viel größere Schmälerung seines Verfügungsrechts als Mitgewerke liegen, als durch die im Art. 239 des Handelsgesetzbuchs sanktionirte Beschränkung des Stimmrechts des Aktionärs, der in dieser seiner Eigenschaft ein weit geringeres Einwirkungsrecht hat. Unter fast wörtlicher Wiederholung dieser Motivirung hat sich auch das Reichsgericht in seinem Erkenntnisse vom 27. April 1881 in gleichem Sinne ausgesprochen. Z. XXIII. 110.

Ueber die Frage, ob die Unterschrift des Vollmachtgebers unter der Vollmacht beglaubigt sein müsse, hat das Preuß. Obertribunal in dem Erkenntnisse vom 11. Juli 1879. Z. XXI. 525, worin zunächst der vorgedachte Satz wiederholt wurde, daß die Gewerkenversammlung selbst den Vollmachtspunkt endgültig zu reguliren habe, und daher die Nachbringung oder Ergänzung der Vollmacht für einen Bevollmächtigten unstatthaft erscheine, sich dahin ausgesprochen, daß, wenn die vorliegende privatschriftliche Vollmacht von den andern Gewerken nicht als echt anerkannt werde und der Bevollmächtigte seine Bevollmächtigung nicht in der Versammlung in beglaubigter Form nachweisen könne, so gelte der Auftraggeber als nicht erschienen und die von seinem Vertreter abgegebenen Stimmen dürften nicht mitgezählt werden; wenn jedoch die Echtheit der Unterschrift des Vollmachtgebers in der Versammlung zu Bedenken keinen Anlaß gegeben, so habe es der Vorlegung einer Vollmacht in beglaubigter Form nicht bedurft, und die gleichwohl erfolgte

Ausschließung eines solchergestalt schriftlich bestellten Bevollmächtigten von der Beschlußfassung berechtige zur Anfechtung des Beschlusses.

Jedenfalls erscheint es hiernach rathsam, daß der Vollmachtgeber, um die Legitimation seines Bevollmächtigten für alle Fälle außer Zweifel zu stellen, seine Unterschrift beglaubigen läßt, es sei denn, daß das Statut die Vertretung auf Grund einer privatschriftlichen Vollmacht gestattet.

Falls das Statut hinsichtlich der Aufnahme des Protokolls und dessen Vollziehung nichts Besonderes enthält, so ist anzunehmen, daß der Repräsentant oder der Grubenvorstand das Protokoll aufzunehmen und zu vollziehen hat. Die Unterschrift der übrigen Gewerken ist nicht erforderlich, denn der Gewerkenbeschluß kommt durch die Abstimmung zu Stande, und diese bedingt keine schriftliche Form. Der Inhalt des Protokolls muß von jedem Gewerken bis zum Beweise des Gegentheils anerkannt werden. Diese Anschauung findet sich in dem Erkenntnisse des Preuß. Obertribunals vom 7. Februar 1868 Z. X. 413 niedergelegt. Nur Wahlverhandlungen erfordern gemäß der ausdrücklichen Bestimmung des § 118 ein notarielles oder gerichtliches Protokoll.

21. § 114. Eine Mehrheit von wenigstens drei Viertheilen aller Kuxe ist erforderlich zu Beschlüssen, durch welche über den Gegenstand der Verleihung — Substanz des Bergwerks — ganz oder theilweise verfügt werden soll. Dies gilt insbesondere von den Fällen des Verkaufes, des Tausches, der Verpfändung oder der sonstigen dinglichen Belastung des Bergwerks, sowie der Ueberlassung der Ausbeutung gegen Entgelt (Verpachtung).

Zu Verfügungen über das verliehene Bergwerkseigenthum durch Verzicht oder Schenkung ist Einstimmigkeit erforderlich.

Hiernach enthält der § 114 die Ausnahmefälle, in welchen zu Beschlüssen eine größere Anzahl von Kuxen nothwendig ist. Weitere Ausnahmen, wonach zu gewissen Beschlüssen die einfache Stimmenmehrheit des § 113 nicht genügt, finden sich in den §§ 94 und 118. In den Fällen, welche zur Beschlußnahme eine Majorität von drei Viertheilen aller Kuxe erheischen, muß die Majorität nicht blos aus drei Viertheilen aller in der Gewerkenversammlung vertretenen Kuxe, sondern aus drei Viertheilen der sämmtlichen Kuxe der Gewerkschaft bestehen. Da wo zum Beschlusse Einstimmigkeit nothwendig ist, vermag ein in der Gewerkenversammlung gar nicht erschienener und nicht vertretener Eigenthümer eines einzigen Kuxes den Beschluß durch sein blos passives Verhalten zu vereiteln. Auch bei Konsolidationen von Bergwerken, welche unzweifelhaft als Verfügungen über die Substanz anzusehen sind, ist ebenso wie beim Austausch von Feldestheilen zwischen angrenzenden Bergwerken, zu den desfallsigen Beschlüssen eine Stimmenmehrheit von wenigstens drei Viertheilen aller Kuxe der einzelnen Gewerkschaften erforderlich; das Braunschweigische Gesetz hat Veranlassung genommen, dies noch ausdrücklich zu erklären; aber auch ohne eine solche Anordnung kann kein Zweifel darüber bestehen, daß solche Fälle der Konsolidation und der Theilung unter die Vorschrift des § 114 zu subsumiren sind.

Falls sich bevormundete Personen als Gewerken durch ihre gesetzlichen Vertreter an der Abstimmung über die im § 114 bezeichneten Gegenstände betheiligen, so erscheint eine

Genehmigung seitens des Vormundschaftsgerichts nicht erforderlich, weil durch die Abstimmung nicht über ein Objekt des Minorennen, sondern der Gewerkschaft verfügt wird und weil auch diese Verfügung keine direkte, sondern eine indirekte, durch die Beschlußfassung bewirkte ist. Die Abstimmung des Vertreters kann daher nur als ein Akt der Verwaltung gelten, bei dem die Vormundschaftsbehörde nicht mitzuwirken hat. Dieser Ansicht steht allerdings die Entscheidung des K. Obertribunals vom 12. Juli 1875. Z. XVII. 66 entgegen, wonach bei dem eine Verzichtleistung auf Ansprüche der Gewerkschaft oder einen Erlaß aussprechenden Gewerkschaftsbeschlusse (es handelte sich um die Ertheilung der Decharge an den Repräsentanten) eine Spezialvollmacht des zu vertretenden Gewerken vorliegen muß. Das K. Obertribunal hat hier offenbar verkannt, daß die Ertheilung der Decharge nicht von den einzelnen Gewerken, sondern von der Gewerkschaft erfolgt, und daß der einzelne Gewerke sich nur an der Abstimmung hierüber betheiligt, diese Theilnahme an der Abstimmung aber in Wirklichkeit nur einen Verwaltungsakt des Gewerken darstellt, demnach also auch für den Auftrag zur Vornahme dieses Aktes eine einfache schriftliche Vollmacht genügt. cf. Z. ibid. 67. Note 3.

Mit Ausnahme des Absatzes 2 (Verzicht oder Schenkung) kann der § 114 durch Statut abgeändert, für die im ersten Absatze bezeichneten Beschlüsse also ein anderes Stimmenverhältniß beliebt werden.

22. § 115. Binnen einer Präklusivfrist von vier Wochen vom Ablaufe des Tages, an welchem ein Gewerkschaftsbeschluss gefasst ist, kann jeder Gewerke die Entscheidung des ordentlichen Richters, in dessen

Bezirk das Bergwerk liegt, darüber, ob der Beschluss zum Besten der Gewerkschaft gereiche, anrufen und gegen die Gewerkschaft auf Aufhebung des Beschlusses klagen.

Durch das Statut kann bestimmt werden, dass die Entscheidung dieser Frage in Streitfällen durch ein Schiedsgericht erfolgen, wie das Schiedsgericht gebildet und unter welchen Formen von demselben verfahren werden soll.

Diese Bestimmungen finden auf einen in Gemässheit des §. 94. gefassten Beschluss keine Anwendung.

Der erste Absatz dieses Paragraphen entspricht dem § 8 des Gesetzes vom 12. Mai 1851 und dem § 15 Th. I. Tit. 17 des Allg. Landrechts, beseitigt aber das Schiedsgericht als ein Zwangsinstitut; damit ist jedoch das Gutachten von Sachverständigen im Prozesse nicht ausgeschlossen.

Nach allgemeinen Rechtsgrundsätzen trifft die Beweislast den Kläger, welcher, da der von der Majorität gefaßte Beschluß die Präsumtion für sich hat, daß er den Willen der Gewerkschaft repräsentirt und ihrem Besten entspricht, darzuthun hat, daß dieser Beschluß nicht zum Besten der Gewerkschaft gereicht, während der letztern von Rechtswegen der Gegenbeweis offen steht. Anderer Ansicht ist allerdings das Obertribunal in seinem Erkenntnisse vom 21. Mai 1869. Z. XI. 295, Inhalts dessen nach der Fassung des § 115 und nach seinem Wortlaute der klagende Gewerke den Beweis, daß der gefaßte Beschluß nicht zum Besten der Gewerkschaft gereicht, nicht zu übernehmen braucht, vielmehr berechtigt ist, den Schutz des Richters gegen die Beschlüsse der Gewerkschaft ohne Weiteres in Anspruch zu nehmen und feststellen zu lassen, ob die beschlossene Verfügung zum gemeinschaftlichen Vortheile dient.

Nach dieser Auffassung ist das freie Selbstbestimmungsrecht der Gewerkschaft in Frage gestellt; der gesetzlich zu Stande gekommene Majoritätsbeschluß der Gewerkschaft, welcher doch zunächst jeden einzelnen Gewerken verbinden soll, erhält eine untergeordnete Bedeutung; der Richter soll besser als die Majorität zu beurtheilen im Stande sein, womit den Interessen der Gewerkschaft gedient ist, und daher auf bloßes Anrufen der Minorität, ohne daß diese eine Beweislast trifft, den Beschluß kritisiren und aufheben können! Einer solchen Annahme, welche eine von dem Gesetzgeber nicht beabsichtigte Bevormundung der Gewerkschaft enthält, kann nicht beigepflichtet werden. Der Richter hat den Mehrheitsbeschluß der Gewerken so lange zu achten, bis derjenige, welcher im Wege der Klage die Aufhebung des Beschlusses begehrt, den strikten Nachweis geliefert hat, daß der Beschluß wirklich nicht zum Besten der Gewerkschaft gereicht.

Allerdings stellt sich der Wortlaut des § 115 als kein besonders glücklich gewählter dar, und dies hat denn auch in dem Bayerischen Berggesetze zur Fassung der bezüglichen Vorschrift des Art. 104 dahin veranlaßt:

„Binnen einer ausschließlichen Frist von 30 Tagen „vom Ablaufe des Tages, an welchem ein Gewerkschafts„beschluß gefaßt ist, kann jeder Gewerke, welcher denselben für nachtheilig erachtet, bei dem „Bezirksgerichte, in dessen Sprengel das Bergwerk „liegt, gegen die Gewerkschaft auf Aufhebung des Be„schlusses klagen, und es hat das Gericht dessen Auf„hebung auszusprechen, wenn nachgewiesen wird,

„daß derselbe der Gewerkschaft zum Nach-
„theile gereicht.“

cf. auch Raht. Z. XII. 118.

Daß die Anfechtung des Gewerkschaftsbeschlusses nicht blos im Wege der Klage, sondern auch der Einrede, nur in der durch das Gesetz bestimmten Präklusivfrist erfolgen kann, bedarf kaum der Erwähnung, ist aber durch Erkenntnisse des K. Obertribunals vom 8. März 1867. Z. IX. 175 und vom 11. Juli 1879. Z. XXI. 525 auch ausdrücklich festgestellt.

Eine bemerkenswerthe Entscheidung hat das K. Obertribunal in seinem Urtheile vom 6. März 1868. Z. X. 420 getroffen, indem es festsetzt, daß das dem Gewerken eingeräumte Widerspruchsrecht gegen einen Gewerkschaftsbeschluß sich auf solche Beschlüsse beschränkt, durch welche in der bisherigen Betriebsweise oder in der bisherigen Lage der Substanz eine Aenderung eintreten soll; durch rechtskräftige richterliche Aufhebung eines solchen Beschlusses werde seine Ausführung gesetzlich beseitigt, und es bleibe dann bei derjenigen Sachlage, wie sie vor Fassung des Beschlusses bestanden habe. Die Thätigkeit des Richters sei also nur eine negative, er könne entscheiden, daß ein Beschluß nicht weiter ausgeführt werden dürfe, wodurch also von selbst der Status quo ante unverändert bleibe, — er könne aber nicht auf das Verlangen eines den Beschluß Anfechtenden eingehen, eine Aenderung der früheren Sachlage eintreten zu lassen.

Daß auch gegen die Wahl des Repräsentanten oder der Mitglieder des Grubenvorstandes die Entscheidung des Richters darüber angerufen werden kann, ob diese Wahl zum Besten der Gewerkschaft gereicht, erscheint in hohem Grade zweifelhaft, dagegen unterliegt, wie das Reichsgericht mittels Erkenntniß vom 27. April 1881. Z. XXIII. 110 festgestellt hat, ein Gewerkschaftsbeschluß, wodurch dem Repräsentanten oder Grubenvorstande Decharge ertheilt worden ist, dem Anfechtungsrechte.

Wenn auch im Allgemeinen der § 115 einen formell gültigen Gewerkschaftsbeschluß voraussetzt, der angegriffen werden soll, so ist doch der richterlichen Prüfung und Entscheidung die Vorfrage nicht entzogen, ob überhaupt ein gültiger, den gesetzlichen oder statutarischen Erfordernissen entsprechender Beschluß vorliegt. In diesem Sinne hat sich der Rhein. Appellationsgerichtshof zu Köln in einem Urtheile vom 29. Juli 1867. Z. IX. 176 ausgesprochen.

Wider einen Beschluß, wodurch nach Maßgabe des § 94 mit einer Majorität von drei Viertheilen aller Kuxe die Gewerkschaft eine statutarische Verfassung angenommen hat, ist, wie der § 115 ausdrücklich anordnet, die Klage auf Aufhebung unzulässig.

23. § 116. Durch die Anstellung der Klage auf Aufhebung des Gewerkschaftsbeschlusses wird die Ausführung desselben nicht aufgehalten.

Wird der Beschluss aufgehoben, so verliert derselbe erst von der Rechtskraft der richterlichen Entscheidung an seine rechtliche Wirksamkeit.

Diese Bestimmungen finden keine Anwendung, wenn der Beschluss die im §. 120. bezeichneten Gegenstände betrifft.

Der Regel nach besitzt also die Klage in Hinsicht auf den angefochtenen Beschluß keinen Suspensiveffekt. Der Beschluß ist an und für sich verbindlich und verliert seine rechtliche Wirkung erst mit dem Augenblicke, wo er durch rechtskräftiges Urtheil aufgehoben wird. Der Kommissionsbericht des Hauses der Abgeordneten läßt hierüber keinen Zweifel. Es entstand die Frage, so heißt es dort, ob der zweite Satz des Paragraphen so zu verstehen sei, daß das Verlieren der rechtlichen Wirksamkeit ex nunc oder ex tunc eintrete.

„Die Herren Regierungskommissarien erklärten:

Die Anstellung der Klage auf Aufhebung des Gewerkschaftsbeschlusses solle nach Alinea 1 des § 116 die Ausführung des Gewerkschaftsbeschlusses nicht aufhalten. Der Repräsentant oder Grubenvorstand werde deshalb auf der Grundlage des Gewerkschaftsbeschlusses mit der Ausführung desselben vorgehen können, ohne in Verantwortlichkeit zu treten. Wenn demnach das zweite Alinea für den Fall, daß der angerufene Richter den Beschluß aufhebe, bestimme, daß der Beschluß erst von Rechtskraft der richterlichen Entscheidung an seine rechtliche Wirksamkeit verliere, so könne es nicht zweifelhaft sein, daß das Aufhören der rechtlichen Wirksamkeit ex nunc zu verstehen sei.

Dem Bedenken, daß hieraus große Gefahr für den siegreichen Provokanten wie überhaupt für die Interessen der Minorität eines Bergwerks entstehen könne, wurde von mehreren Kommissionsmitgliedern entgegengesetzt, daß Alinea 3 des § 116 alle Beschlüsse über die Substanz des Bergwerks und über die Erhebung von Beiträgen von denjenigen Beschlüssen ausschließt, auf deren Ausführung die Klage der Minorität keinen Suspensiveffekt ausübt. Der Kläger werde hierin genügenden Schutz finden. Auf der andern Seite könne auch nicht zugegeben werden, daß den wirthschaftlichen Bedürfnissen einer Bergwerkssozietät und des Bergbaubetriebes zuwider eine Minorität in die Möglichkeit gebracht werde, durch ihren Widerspruch die Thätigkeit der Gewerkschaft und deren Bergwerksbetrieb zu hemmen und die Organe der Gewerkschaft lahm zu legen."

Handelt es sich um Gegenstände, welche gemäß § 120 nur von einer Mehrheit von drei Viertheilen aller Kuxe oder mit Einstimmigkeit beschlossen werden können, oder sollen Beiträge von den Gewerken erhoben werden, so ist nach dem Schlußalinea des § 116 eine provisorische Vollstreckbarkeit des Beschlusses allerdings unthunlich. Die Suspension tritt in diesen Fällen auch ohne Klage ein und hört erst mit Ablauf der vierwöchentlichen Frist auf, falls während derselben eine Klage nicht erhoben ist. Wird die Klage angestellt, so tritt, wenn nichtsdestoweniger die Ausführung stattfindet oder schon vorher stattgefunden hat, abgesehen von der persönlichen Verantwortlichkeit des ausführenden Repräsentanten oder Grubenvorstandes, mit der zum Vortheile des Klägers ausfallenden richterlichen Entscheidung die Aufhebung des Beschlusses ex tunc, d. h. so ein, als ob er nie gefaßt und wirksam gewesen wäre.

Die in dem gegenwärtigen Kapitel unter Nr. 18 bis 23 behandelten, die Beschlußfassung der Gewerkschaft betreffenden §§ 111—116 können mit Ausnahme des § 114 Absatz 2 durch Gewerkenbeschluß bei Annahme einer statutarischen Verfassung oder auch später mit einer Majorität von $^3/_4$ aller Antheile und mit Genehmigung des Oberbergamts abgeändert werden. Demgemäß ist die Möglichkeit geboten, das Recht, den Gewerkenversammlungen beizuwohnen, oder daselbst eine Stimme auszuüben, von dem Besitze einer mehr oder weniger großen Anzahl von Kuxen oder davon abhängig zu machen, daß die rückständigen Zubußen vorher gezahlt sind,

u. dgl. m.; ebenso kann die Ausübung des Stimmrechts auf eine gewisse Zahl von Kuxen für jeden einzelnen Gewerken beschränkt werden. Nur in dem Falle, wo es sich um Verfügungen über das Bergwerkseigenthum durch Verzicht oder Schenkung handelt, § 114 Absatz 2, sind derartige Beschränkungen hinsichtlich des Stimmrechts der Gewerken unstatthaft.

Viertes Kapitel.

Von der Vertretung der Gewerkschaft.

24. §. 117. Jede Gewerkschaft ist verpflichtet, einen im Inlande wohnenden Repräsentanten zu bestellen und der Bergbehörde namhaft zu machen.

Statt eines einzelnen Repräsentanten kann die Gewerkschaft jedoch einen aus zwei oder mehreren Personen bestehenden Grubenvorstand bestellen.

Als Repräsentanten oder Mitglieder des Grubenvorstandes können auch Personen bestellt werden, welche nicht Gewerken sind.

Der Repräsentant braucht nur seinen Wohnsitz im Inlande zu haben, nicht auch selbst Inländer zu sein; die bisherige Beschränkung, wonach derselbe nicht über zehn Meilen vom Bergwerke entfernt wohnen durfte, ist nicht wiederholt.

Nach den Berggesetzen für Braunschweig und Sachsen-Meiningen können auch im Auslande wohnende Personen mit Genehmigung der Bergbehörde als Repräsentanten oder Mitglieder des Grubenvorstandes bestellt werden. Hinsichtlich der

Mitglieder des Grubenvorstandes schreibt übrigens der § 117 überhaupt nicht vor, daß dieselben im Inlande zu wohnen haben. Indeß muß der Absicht des Gesetzgebers entsprechend angenommen werden, daß das, was in dieser Beziehung von dem Repräsentanten verlangt wird, auch für die Mitglieder des Grubenvorstandes gilt. Als Repräsentanten und Grubenvorstandsmitglieder können gegenwärtig, nachdem durch Art. 3 der Reichsverfassung für ganz Deutschland ein gemeinsames Indigenat hergestellt ist, auch solche Personen zugelassen werden, die, wenn auch nicht in Preußen, so doch innerhalb des übrigen deutschen Reichsgebiets ihren Wohnsitz haben. Beschluß des O.B.A. Bonn vom 9. November 1871. Z. XIII. 136 und Rekursbescheid vom 17. April 1879. Z. XX. 265.

Ist ein Grubenvorstand gewählt, so haben die Mitglieder desselben, Mangels eines anderweiten statutarischen Beschlusses, bei Ausübung ihrer Befugnisse sammt und sonders zu handeln. Entscheidung des Reichs-Oberhandelsgerichts vom 12. Oktober 1874. Z. XVI. 226.

Bevormundete Personen können nicht Repräsentanten oder Mitglieder des Grubenvorstandes sein; dagegen sind handlungsfähige Frauen von der Wahl nicht ausgeschlossen, ebenso wie sie als Gewerken an den Gewerkenversammlungen Theil zu nehmen und darin ihr Stimmrecht auszuüben berechtigt sind.

Die Namhaftmachung des Repräsentanten und der Mitglieder des Grubenvorstandes der Bergbehörde gegenüber erfolgt durch Mittheilung an den Revierbeamten.

Uebrigens sind auch die Mitbetheiligten eines Bergwerks, welche keine Gewerkschaft bilden, gemäß § 134 gehalten, einen Repräsentanten zu ernennen, wenn nicht ihre Vertretung durch die Allgemeinen Gesetze geordnet ist.

Der Alleineigenthümer eines Bergwerks kann dagegen, wie schon zum § 94 sub 1 Seite 7 ausgeführt worden ist, abgesehen von dem Falle, wenn er im Auslande wohnt, keinen Repräsentanten mit den berggesetzlichen Befugnissen eines gewerkschaftlichen Repräsentanten bestellen. Ebenso wenig erscheint eine Aktiengesellschaft, welche ihren Sitz im Inlande hat und sich im Alleinbesitze eines Bergwerks befindet, befugt, sich durch einen Repräsentanten im Sinne des Berggesetzes vertreten zu lassen, vielmehr steht die Vertretung nur den Personen zu, welche hierzu durch das Gesellschaftsstatut und die Allgemeinen Gesetze berufen sind. cf. Erkenntniß des Landgerichts zu Dortmund vom 28. März 1881. Z. XXIII. 232.

25. § 118. Die Wahl [des Repräsentanten oder Grubenvorstandes] erfolgt in einer nach §. 113. beschlussfähigen Versammlung durch absolute Stimmenmehrheit. Ist eine solche bei der ersten Abstimmung nicht vorhanden, so werden diejenigen beiden Personen, welche die meisten Stimmen erhalten haben, in die engere Wahl gebracht. Bei Stimmengleichheit entscheidet das Loos.

Bei Ausmittelung der in die engere Wahl zu bringenden zwei Personen entscheidet im Falle der Stimmengleichheit ebenfalls das Loos.

Das Protokoll über die Wahlverhandlung ist notariell oder gerichtlich aufzunehmen. Eine Ausfertigung desselben wird dem Repräsentanten oder dem Grubenvorstande zu seiner Legitimation ertheilt.

Es empfiehlt sich, daß in dem Protokolle vor Allem die Beschlußfähigkeit der Versammlung, also wenn nicht alle Ge=

werken anwesend sind, die gehörig erfolgte Einladung unter Vorlage der Belege konstatirt wird. Der Justizsenat zu Ehrenbreitstein hat dies in seinem Erkenntnisse vom 20. Juli 1867. Z. IX. 166 sogar für nothwendig erklärt.

Durch die gerichtliche oder notarielle Form erhält das Protokoll den Charakter einer öffentlichen Urkunde, deren Beweiskraft nach der allgemeinen Lehre von den Beweismitteln zu beurtheilen ist, und nur durch solche thatsächlichen Einreden angefochten werden kann, durch welche ein Mangel an den gesetzlichen Voraussetzungen eines solchen Instruments oder die Verfälschung des Inhalts desselben behauptet wird; in diesem Sinne hat sich der Justizsenat zu Ehrenbreitstein in dem Erkenntnisse vom 29. Oktober 1878. Z. XXI. 356 ausgesprochen. Nach allgemeiner Regel bedarf das Protokoll der Unterzeichnung aller an der Versammlung Theil nehmenden Gewerken nicht; es ist aber eine Präsenzliste beizufügen.

In Folge eines Erlasses des Handelsministers vom 14. Dezember 1874, betreffend die Einsichtnahme von den Protokollen über Repräsentantenbestellungen und von den Grubenverzeichnissen, sind die Revierbeamten, welche ein Verzeichniß von allen in ihren Geschäftsbezirken belegenen Gruben zu führen haben, worin die Namen der bezeichneten Repräsentanten und Grubenvorstandsmitglieder vermerkt werden, von den Oberbergämtern angewiesen, Abschriften der Wahlprotokolle zu den Revierakten zu nehmen und auf Verlangen schriftlich oder mündlich Auskunft darüber zu ertheilen, welche Personen als Repräsentanten benannt sind, und auch die persönliche Einsichtnahme von den bezüglichen Eintragungen in den Grubenverzeichnissen und von den Wahlprotokollen zu gestatten. cf. Z. XVI. 13.

Zu der Legitimirung des Repräsentanten oder Grubenvorstandes hat die Bergbehörde nicht mitzuwirken; sie hat sogar nach einem Erlasse des Handelsministers vom 2. Januar 1868. Z. IX. 212 der Regel nach von dem Nachweise abzusehen, daß die bezügliche Wahlversammlung der Gewerkschaft vorschriftsmäßig berufen gewesen sei; diese Regel soll nach dem Wortlaute des Erlasses nur anwendbar sein, wenn nicht etwa aus dem Inhalte der Legitimationsurkunde sich Bedenken gegen die Rechtsgültigkeit des darin niedergelegten Wahlbeschlusses ergeben. cf. auch Bescheid des Handelsministers vom 22. Januar 1876. Z. XVII. 123.

Auch der Justizsenat zu Ehrenbreitstein hat in der Entscheidung vom 20. Juli 1867. Z. IX. 166 die Ansicht niedergelegt, daß der produzirte notarielle oder gerichtliche Wahlakt ohne weitere Prüfung zur Legitimation des Repräsentanten oder Grubenvorstandes ausreiche.

26. §. 119. Der Repräsentant oder Grubenvorstand vertritt die Gewerkschaft in allen ihren Angelegenheiten gerichtlich und aussergerichtlich.

Eine Spezialvollmacht ist nur in den im §. 120. bezeichneten Fällen erforderlich.

Eide Namens der Gewerkschaft werden durch ihn geleistet.

Beschränkt oder erweitert die Gewerkenversammlung die Befugnisse des Repräsentanten oder Grubenvorstandes, so müssen die betreffenden Festsetzungen in die Legitimation (§. 118.) aufgenommen werden.

Im Allgemeinen ist hiermit den Vertretern der Gewerkschaft dieselbe Stelle zugewiesen, welche der Vorstand einer Aktiengesellschaft einnimmt.

Repräsentant und Grubenvorstand sind insbesondere legitimirt, wie eine Verfügung des Appellationsgerichts zu Hamm vom 26. März 1873. Z. XVII. 529 ausgesprochen hat, die Löschung von Hypotheken zu beantragen, welche auf dem Bergwerke als solchem eingetragen sind.

Für die Handlungen ihrer gesetzlichen Vertreter haftet die Gewerkschaft in civilrechtlicher Hinsicht unmittelbar, auch für widerrechtliche, welche mit dem Betriebe und der Verwaltung in Verbindung stehen, wie z. B. in dem Falle, wo durch Grenzüberschreitung einem benachbarten Bergwerke Schaden zugefügt ist. cf. Erkenntniß des Obertribunals vom 14. Juni 1878. Z. XIX. 510.

Dagegen ist die Strafe wegen Uebertretung baupolizeilicher Vorschriften ꝛc. ꝛc. seitens einer Gewerkschaft nicht gegen die einzelnen Gewerken, sondern gegen den Repräsentanten auszusprechen. cf. Erkenntniß des Justizsenats Ehrenbreitstein vom 22. November 1873. Z. XV. 398.

Wenn auch nach der gesetzlichen Vorschrift die Vertretung der Gewerkschaft im Allgemeinen dem Repräsentanten oder Grubenvorstande zusteht und obliegt, so ist dadurch nicht ausgeschlossen, daß auch die Gewerkschaft selbst, d. h. die in einer Gewerkenversammlung auf vorschriftsmäßige Berufung erschienenen Gewerken unmittelbar mit dritten Personen Verträge schließen, überhaupt nach außen hin in Vermögensangelegenheiten bindende Erklärungen abgeben können. Repräsentanten und Grubenvorstände sind nur die Bevollmächtigten der Gewerkschaft; ihre Stellung ist nach den allgemeinen Vorschriften über Vollmachtsaufträge zu beurtheilen. Dieser Rechtssatz findet sich in dem Erkenntniß des Reichsgerichts vom 4. April 1881. Z. XXIII. 250 niedergelegt.

Einer Spezialvollmacht bedarf der Repräsentant oder Grubenvorstand nur dann, wenn durch Verkauf, Tausch, Verpfändung oder sonstige dingliche Belastung des Bergwerks über dessen Substanz verfügt, — wenn seine Ausbeutung gegen Entgelt an Andere überlassen, — wenn durch Verzicht oder Schenkung das Bergwerkseigentum aufgegeben, — oder wenn Zubuße erhoben werden soll. Jedoch ist anzunehmen, daß in dem Gewerkenbeschlusse selbst, wodurch eine jener Maßregeln angeordnet wird, schon die Spezialvollmacht enthalten ist. Wenigstens ist dies bezüglich der Zubuße durch Erkenntniß des K. Obertribunals vom 8. März 1878. Z. XX. 344 festgestellt.

Zur Veräußerung von Grundstücken und Gerechtigkeiten aller Art erscheinen Repräsentant und Grubenvorstand auch ohne Spezialvollmacht und ohne besonderen Beschluß der Gewerkenversammlung berechtigt, da durch solche Veräußerungen der Gegenstand der Verleihung, die Substanz des Bergwerks, nicht berührt wird. Auch zu Ankäufen aller Art ist eine Spezialvollmacht nicht erforderlich. Es empfiehlt sich daher, was auch meistentheils geschieht, in dem Statute die Befugnisse des Repräsentanten und Grubenvorstands einzuschränken.

Besteht ein Grubenvorstand, so war nach der früheren Ansicht ein von ihm zu leistender Eid nur dann als geschworen anzusehen, wenn sämmtliche Vorstandsmitglieder ihn geleistet hatten. cf. Erkenntniß des Obertribunals vom 24. April 1871. Z. XII. 381. Dem entgegen ist durch das Erkenntniß des Reichsgerichts vom 23. Juni 1880. Z. XXII. 236 der Rechtsgrundsatz festgestellt, daß der Eid nicht von sämmtlichen Mitgliedern des Vorstandes geschworen zu werden brauche, um als geleistet zu gelten, – nachdem das vormalige Reichs-Oberhandelsgericht sich schon in analogen Fällen hinsichtlich des Vorstandes der Aktiengesellschaft und der Genossenschaft in gleichem Sinne ausgesprochen hatte.

Die Frage hat jedoch gegenwärtig in Folge Einführung der Reichs-Civilprozeßordnung ihre Bedeutung verloren; letztere bestimmt in den §§ 434, 436, 438 ausdrücklich, wie es mit der Ableistung eines Eides bei mehreren gesetzlichen Vertretern gehalten werden soll, und läßt dabei der Beurtheilung des Gerichts für den gegebenen Fall hinreichende Freiheit.

Da Repräsentant und Grubenvorstand die eigentlichen Vertreter der Gewerkschaft sind, so können dieselben in einem Prozesse, in welchen die Gewerkschaft als Partei verwickelt ist, nicht als Zeugen über streitige Thatsachen gehört werden. Der Zeuge muß stets eine dritte Person sein. Wenn auch die Gewerkschaft selbstständige Persönlichkeit besitzt, so bedarf sie doch, um nach Außen aufzutreten, regelmäßig eines Vertreters, — und zwar im Allgemeinen eines Repräsentanten oder Grubenvorstandes. Aus dem Umstande, daß durch diese Vertreter gemäß der Vorschrift des § 119 Eide Namens der Gewerkschaft zu leisten sind, folgt schon allein, daß dieselben nicht zugleich Zeuge sein können; denn derjenige, dem über eine Thatsache durch Zu- oder Zurückschiebung ein Parteieid gestattet ist, kann über dieselbe Thatsache nicht als Zeuge vernommen werden.

Die Gewerkenversammlung kann auch dem Repräsentanten oder Grubenvorstande die Genehmigung ertheilen, einen Andern mit seiner generellen Vertretung zu beauftragen. Ohne eine solche Ermächtigung darf eine Substitution seitens des Repräsentanten oder Grubenvorstandes nicht vorgenommen werden, und auch einzelne Mitglieder des letztern bedürfen, um für die Gewerkschaft zu handeln, einer besondern durch

Gewerkenbeschluß genehmigten Vollmacht, wenn das Statut darüber nicht schon eine Bestimmung enthält. Die Gewerkschaft kann aber auch, ebenso wie sie gemäß der vorbezogenen Entscheidung des Reichsgerichts vom 4. April 1881 mit Umgehung des Repräsentanten und Grubenvorstandes selbstständig und unmittelbar nach Außen handelnd auftreten kann, einer dritten Person Auftrag zur Vornahme von bestimmten Geschäften ertheilen.

27. § 120. Der Repräsentant oder Grubenvorstand bedarf eines besonderen Auftrages der Gewerkenversammlung:

1) wenn es sich um Gegenstände handelt, welche nur von einer Mehrheit von wenigstens drei Viertheilen aller Kuxe oder nur mit Einstimmigkeit beschlossen werden können;

2) wenn Beiträge von den Gewerken erhoben werden sollen.

Diese Vorschrift kann durch Statut, aber auch nur durch Statut, nicht durch bloßen das Statut modifizirenden Beschluß, (cf. § 124) abgeändert und darin dem Repräsentanten oder Grubenvorstande eine generelle Vollmacht zur Vornahme solcher Maßnahmen ertheilt werden, welche gesetzlich eine Spezialvollmacht erheischen.

Nach einem Erkenntnisse des Obertribunals vom 7. Februar 1868. Z. X. 413 bedarf der Repräsentant zur Empfangnahme der von der Gewerkenversammlung ausgeschriebenen Zubuße keiner besonderen Vollmacht; in dem Auftrage zur Erhebung der Zubuße ist vielmehr derjenige zur Empfangnahme enthalten. Deshalb ist auch der Repräsentant oder Grubenvorstand berechtigt, ohne Spezialvollmacht die beschlossene Zubuße einzuklagen. cf. Erkenntniß des Obertribunals vom 18. März 1878. Z. XX. 344.

Im Uebrigen wird hier auf das zu dem vorhergehenden § 119 sub Nr. 26 Gesagte verwiesen.

28. § 121. Der Repräsentant oder Grubenvorstand führt das Gewerkenbuch und fertigt die Kuxscheine aus (§. 103.).

Er ist verpflichtet, für die Führung der übrigen erforderlichen Bücher der Gewerkschaft Sorge zu tragen und jedem Gewerken auf Verlangen die Bücher zur Einsicht offen zu legen.

In Bezug auf die Führung des Gewerkenbuchs und die Ausfertigung der Kuxscheine steht der Bergbehörde weder eine Mitwirkung noch ein Aufsichtsrecht zu. Beschließen jedoch Gewerkschaften des alten Rechts die Mobilisirung ihrer Kuxe nach § 235 des Allg. Berggesetzes, und sind die mobilisirten Kuxe noch mit Pfandrechten an Stelle früherer Hypotheken belastet, so liegt die Führung des Gewerkenbuches und die Ausfertigung der Kuxscheine gemäß § 239 der Berghypothekenbehörde ob.

Wie schon Seite 42 bemerkt, ist in Bayern die Führung des Gewerkenbuchs und die Ausfertigung der Kuxscheine der Bergbehörde übertragen, während bei der Gewerkschaft nur ein Duplikat des Gewerkenbuchs geführt und zu diesem Zwecke die Gewerkschaft durch die Bergbehörde von jedem Eintrage sofort benachrichtigt wird. Auch in Preußen ist die Frage wiederholt angeregt worden, ob es sich nicht empfehle, die Führung des Gewerkenbuchs und die Ausfertigung der Kuxscheine im Wege einer Gesetzesänderung einer öffentlichen Behörde zu übertragen. Brassert in seiner sehr ausführlichen

Abhandlung über dieses Thema, Z. X. 528, glaubt von einer solchen Neuerung abrathen zu sollen.

Auf Gewerkschaften des alten Rechts findet übrigens die Vorschrift des § 121 Absatz 1 über die Führung des Gewerkenbuchs und die Ausfertigung der Kuxscheine überhaupt keine Anwendung.

Durch das ursprüngliche Statut (cf. § 124.) darf der § 121 abgeändert werden und wird demgemäß auch das Recht auf Einsicht der Bücher häufig eingeschränkt. Entsteht zwischen der Gewerkschaft und einzelnen Gewerken bezüglich dieses Rechts eine Meinungsverschiedenheit, so ist es nicht Sache der Bergbehörde zu interveniren und eine Entscheidung zu treffen, die Angelegenheit kann vielmehr nur in der Gewerkenversammlung oder im Rechtswege zum Austrage gebracht werden.

29. § 122. Der Repräsentant oder Grubenvorstand beruft die Gewerkenversammlungen.

Er muss, wenn das Bergwerk im Betriebe ist, alljährlich eine Gewerkenversammlung berufen und derselben eine vollständig belegte Verwaltungsrechnung vorlegen.

Der Repräsentant ist zur Berufung einer Gewerkenversammlung verpflichtet, wenn dies die Eigenthümer von wenigstens einem Viertheil aller Kuxe verlangen. Unterlässt er die Berufung, so erfolgt dieselbe durch die Bergbehörde auf den an sie gerichteten Antrag.

Zur Vornahme der Wahl eines Repräsentanten oder Grubenvorstandes oder zur Beschlussfassung über den Widerruf der erfolgten Bestellung kann die Bergbehörde auf den an sie gerichteten Antrag eine Gewerkenversammlung berufen.

Die Verpflichtung zur Rechnungslage besteht nur der Gewerkschaft, nicht den einzelnen Gewerken gegenüber, und zwar gilt dies nach dem Erkenntniß des Obertribunals vom 19. Oktober 1877. Z. XIX. 249 sowohl hinsichtlich der Gewerkschaften des älteren als des neueren Rechts.

An die Rechnungslage schließt sich naturgemäß die Beschlußfassung über die Ertheilung der Decharge an den Repräsentanten oder den Grubenvorstand an. Hierbei können nach den bereits Seite 69f. erwähnten übereinstimmenden Erkenntnissen des Obertribunals vom 12. Juli 1875. Z. XVII. 66 und des Reichsgerichts vom 27. April 1881. Z. XXIII. 110 die Rechnungsleger in ihrer gleichzeitigen Eigenschaft als Mitglieder der Gewerkschaft ihr Stimmrecht ausüben.

Ist das Bergwerk nicht im Betriebe, so braucht weder die jährliche Gewerkenversammlung berufen, noch auch Rechnung gelegt zu werden.

Die Verpflichtung, auf Verlangen der mindestens ein Viertheil aller Kuxe vertretenden Gewerken eine Versammlung zu berufen, trifft nicht nur den Repräsentanten, wie man nach dem Wortlaute der Gesetzesvorschrift anzunehmen veranlaßt sein könnte, sondern auch den Grubenvorstand. Es liegt offenbar nur eine mangelhafte Redaktion des Paragraphen zu Beginn seines dritten Absatzes vor; die Worte: „oder Grubenvorstand" sind hinter „Repräsentant" absichtslos weggeblieben. Der Grund hierfür ist darin zu finden, daß in dem ursprünglichen Regierungsentwurfe der dritte Absatz mit den Worten begann: „Auch ist *er* zur Berufung" 2c.; dieses „er" bezog sich auf die vorher gebrauchten Worte: „der Repräsentant oder Grubenvorstand"; die Kommission des Herrenhauses änderte den Anfang des dritten Absatzes, ließ denselben mit dem Worte: „der Repräsentant" beginnen und vergaß die Worte: „oder der Grubenvorstand" beizufügen. In den Fällen, wo es sich um die Wahl des Repräsentanten oder Grubenvorstandes oder um den Widerruf deren Bestellung handelt, können sich die Interessenten, auch wenn sie nicht ein Viertheil der sämmtlichen Kuxe vertreten, mit Uebergehung des Repräsentanten oder Grubenvorstandes direkt an die Bergbehörde (Revierbeamten) wenden, in deren Ermessen alsdann die Berufung der Gewerkenversammlung gestellt ist. Ja selbst ein Dritter, der nicht Gewerke ist, aber an der ordnungsmäßigen Vertretung der Gewerkschaft ein Interesse besitzt, kann die Berufung einer Gewerkenversammlung bei dem Revierbeamten beantragen. cf. Ministerialbescheid vom 22. Januar 1876. Z. XVII. 23. Gelangt dagegen der Antrag von den Eigenthümern eines Viertheils aller Kuxe in gesetzlicher Weise an die Bergbehörde, so ist dieselbe unter allen Umständen verpflichtet, die Gewerkenversammlung zu berufen.

Der Revierbeamte, an den die betreffenden Anträge auf Berufung der Gewerkenversammlung gerichtet werden, kann sich behufs Vornahme der Einladungen das Gewerkenverzeichniß von dem Repräsentanten oder Grubenvorstande eventuell im Zwangswege verschaffen.

Im Allgemeinen ist die Berufung der Gewerkenversammlung gültig geschehen, wenn alle zur Zeit der Einladung im Gewerkenbuche eingetragenen Gewerken ordnungsmäßig eingeladen worden sind, so daß auf die Gültigkeit der Berufung eine nach erfolgter Einladung beantragte oder wirklich stattgehabte Umschreibung im Gewerkenbuche ohne Einfluß ist.

Gemäß Verfügungen des Oberbergamts Bonn vom 26. Februar 1867. Z. VIII. 131 und vom 27. März 1868. Z. IX. 213 kann behufs der ersten Repräsentantenwahl eine Gewerkenversammlung durch jedes Mitglied der Gewerkschaft berufen werden. Ist aber ein Repräsentant (Grubenvorstand) bereits vorhanden, so muß bei diesem, bezw. bei der Bergbehörde (dem Revierbeamten) der Antrag auf Berufung einer Gewerkenversammlung von dem einzelnen Mitgliede der Gewerkschaft gestellt werden.

Die in dem gegenwärtigen Kapitel bis hierher unter Nr. 24—29 behandelten §§ 117—122 können durch Gewerkenbeschluß mit einer Mehrheit von 3/4 aller Antheile und Genehmigung des Oberbergamts modifizirt werden, und zwar die §§ 120—122, worauf später sub 31 zu § 124 noch zurückzukommen ist, nur in dem Statute selbst.

30. § 123. Der Repräsentant ist berechtigt und verpflichtet, alle Vorladungen und andere Zustellungen an die Gewerkschaft mit voller rechtlicher Wirkung in Empfang zu nehmen.

Bestellt die Gewerkschaft einen Grubenvorstand, so muss ein Mitglied desselben mit dieser Empfangnahme beauftragt und in der Legitimation des Grubenvorstandes bezeichnet werden. Wenn dies nicht geschehen ist, so kann die Zustellung an jedes Mitglied des Grubenvorstandes erfolgen.

Diese Vorschriften entsprechen den analogen Bestimmungen des Art. 235 des Handelsgesetzbuchs, wonach es zur Behändigung von Vorladungen und anderen Zustellungen an die Aktiengesellschaft genügt, wenn dieselbe an ein Mitglied des Vorstandes, welches zu zeichnen oder mitzuzeichnen befugt ist, oder an einen Beamten der Gesellschaft, welcher dieselbe vor Gericht zu vertreten berechtigt ist, geschieht.

31. § 124. Die Bestimmungen der §§. 120. 121. und 122. dürfen nur durch ein förmliches Statut (§. 94.), diejenigen des §. 123. aber gar nicht abgeändert werden.

In keinem Falle darf dem Repräsentanten oder Grubenvorstande die Vertretung der Gewerkschaft bei den Verhandlungen mit der Bergbehörde, mit dem Knappschaftsvereine und mit anderen auf den Bergbau bezüglichen Instituten, sowie in den gegen sie angestellten Prozessen und die Eidesleistung in letzteren entzogen werden.

Schon der § 94 drückt sich dahin aus, daß die Vorschriften der §§ 95—110, 114 Absatz 2 und 123—128 durch das Statut nicht abgeändert werden dürfen, gestattet also implicite die Abänderung der übrigen Paragraphen und mithin auch die der §§ 120, 121 und 122. Der § 124 erklärt nun, daß diese letztgedachten drei Paragraphen nur durch ein förmliches Statut, welches stets der Zustimmung von drei Viertheilen aller Kuxe und der Bestätigung des Oberbergamts bedarf, abgeändert werden können. Der § 124 untersagt demnach blos die Abänderung der Bestimmungen der §§ 120—122 durch Majoritätsbeschluß während des Bestehens der Gewerkschaft, woraus die Folge sich ergibt, daß die §§ 111—119, mit Ausnahme des § 114 Absatz 2, sowie die §§ 129—132 jede Abänderung nicht nur durch ein förmliches Statut, sondern auch durch späteren Majoritätsbeschluß zulassen.

Ein solcher Beschluß wird aber immerhin, weil er als ein statutarischer, d. h. die Grundverfassung der Gewerkschaft abändernder anzusehen ist, die Zustimmung von drei Viertheilen aller Kuxe und die Bestätigung des Oberbergamts erfordern. Hinsichtlich der bereits durch den § 94 ausgesprochenen Unabänderlichkeit des § 123 enthält der § 124 nichts Neues, vielmehr nur eine Wiederholung, welche um so mehr zu Irrthümern Veranlassung geben kann, als nach § 94 nicht nur die Bestimmung des § 123, sondern auch die Bestimmungen der §§ 124—128 unabänderlich sind.

Die verschiedenen Gesetzesparagraphen, welche sich auf die Gewerkschaftsverfassung beziehen, theilen sich also in solche, welche nicht abgeändert werden dürfen, nämlich die §§ 95—110, 114 Absatz 2 und 123—128, wobei jedoch die §§ 95 und 101 gestatten, im Statute der Gewerkschaft einen andern Namen als den des Bergwerks zu geben, und die Zahl der Kuxe auf 1000 statt auf 100 zu bestimmen, — in solche, welche nur durch ein förmliches Statut gemäß § 94 abgeändert werden dürfen, §§ 120—122, und in alle übrigen, deren Abänderung durch statutarische Beschlüsse während des Bestehens der Gewerkschaft möglich ist. Vgl. auch sub Nr. 1 zu § 94 und Nr. 2 zu § 95.

32. § 125. Die Gewerkschaft wird durch die von dem Repräsentanten oder Grubenvorstande in ihrem Namen geschlossenen Rechtsgeschäfte berechtigt und verpflichtet.

Es ist gleichgültig, ob das Geschäft ausdrücklich im Namen der Gewerkschaft geschlossen worden ist, oder ob die Umstände ergeben, dass es nach dem Willen der Kontrahenten für die Gewerkschaft geschlossen werden sollte.

Diese Vorschrift entspricht fast wörtlich der für die Aktiengesellschaft gegebenen Vorschrift des Art. 230 des Handelsgesetzbuchs.

Selbstverständlich wird die Gewerkschaft auch durch die Rechtsgeschäfte berechtigt und verpflichtet, welche der ordnungsmäßig Bevollmächtigte des Repräsentanten oder Grubenvorstandes für die Gewerkschaft abgeschlossen hat.

33. § 126. Der Repräsentant oder die Mitglieder des Grubenvorstandes sind aus den von ihnen im Namen der Gewerkschaft vorgenommenen Rechtshandlungen Dritten gegenüber für die Verbindlichkeiten der Gewerkschaft persönlich nicht verpflichtet.

Handeln dieselben ausser den Grenzen ihres Auftrages oder den Vorschriften dieses Titels entgegen, so haften sie persönlich, beziehungsweise solidarisch für den dadurch entstandenen Schaden.

Auch diese Vorschrift stimmt mit der entsprechenden Vorschrift des Art. 241 des Handelsgesetzbuchs, worin die Haftbarkeit der Vorstandsmitglieder einer Aktiengesellschaft behandelt wird, überein, und bedarf bei seiner Klarheit und Verständlichkeit keines Kommentars.

34. § 127. Die Bergbehörde ist befugt, eine Gewerkschaft aufzufordern, innerhalb drei Monaten einen Repräsentanten oder einen Grubenvorstand zu bestellen.

Wird dieser Aufforderung nicht entsprochen, so kann die Bergbehörde bis dahin, dass dies geschieht, einen Repräsentanten bestellen und demselben eine angemessene, von der Gewerkschaft aufzubringende und nothigenfalls im Verwaltungswege exekutivisch einzuziehende Belohnung zusichern.

Dieser interimistische Repräsentant hat die in den §§. 119. bis 123. bestimmten Rechte und Pflichten, insofern die Bergbehörde keine Beschränkungen eintreten lässt.

Die Frage liegt nahe, an wen die Bergbehörde die Aufforderung zu richten hat, einen Repräsentanten oder Grubenvorstand zu bestellen; ein gesetzlicher Vertreter der Gewerkschaft ist ja nicht vorhanden. Sachgemäß müßte daher die Aufforderung an alle betheiligte Gewerken gerichtet werden, denn nur die Gesammtheit bildet die aufzufordernde Gewerkschaft. Klostermann ist dagegen der Ansicht, daß die Aufforderung an einen beliebigen Gewerken genüge.

Die Aufforderung der Bergbehörde und die Ernennung eines interimistischen Repräsentanten kann ohne irgend einen Antrag ex officio geschehen, und wird namentlich dann erfolgen, wenn ein bergpolizeiliches Interesse in Frage kommt oder wenn die Bestellung eines Vertreters der Gewerkschaft wegen nothwendiger Verhandlungen mit der Bergbehörde, den Knappschaftsvereinen oder anderen auf den Bergbau bezüglichen Instituten erforderlich erscheint.

Die Ernennung des Repräsentanten durch die Bergbehörde ist jedoch nicht auf diese Fälle beschränkt, die Bergbehörde kann dieselbe auch aus sonstiger Veranlassung vornehmen, selbst dann, wenn es sich lediglich um das Interesse eines Gläubigers der Gewerkschaft handelt, der sonst nicht in der Lage wäre, seine Rechte gegen dieselbe geltend zu machen. In diesem Sinne hat sich auch der Minister der öffentlichen Arbeiten in einem Bescheide vom 13. Mai 1880. Z. XXI. 397 ausgesprochen, und dabei hervorgehoben, daß schon das öffentliche Interesse es wünschenswerth erscheinen lasse, daß Jedem, der mit einer Gewerkschaft in Beziehung trete, auch die Rechtsverfolgung gegen dieselbe ermöglicht werde. Gleichzeitig ist in dem Bescheide die Erklärung enthalten, daß, da die Bergbehörde nicht verpflichtet sei, von der fraglichen, ihr zustehenden Befugniß Gebrauch zu machen, sie ihr Einschreiten auf Antrag eines Dritten, behufs Deckung der entstehenden Kosten, gleichgültig, ob die Erstattung derselben der Gewerkschaft obliege oder nicht, davon abhängig machen könne, daß die Ersatzpflicht vorgängig durch Einzahlung eines entsprechenden Vorschusses seitens des Antragstellers gesichert werde.

Daß die Remuneration des interimistischen Repräsentanten nicht dinglich auf dem Bergwerke haftet, ist durch Bescheid vom 20. Juli 1871. Z. XII. 405 — und daß sie nur aus dem Grubenvermögen und nicht aus dem persönlichen Vermögen der Gewerken exekutivisch beigetrieben werden kann, durch Bescheid vom 10. Dezember 1872. Z. XIV. 263 festgestellt.

35. § 128. Soweit der gegenwärtige [vierte] Titel [des Allg. Berggesetzes] nichts Anderes bestimmt, sind die durch die Bestellung eines Repräsentanten oder Grubenvorstandes entstehenden Rechtsverhältnisse nach den allgemeinen Vorschriften über den Vollmachtsvertrag zu beurtheilen.

Wie schon früher zu Nr. 26. § 119 bemerkt, wird die durch einen Grubenvorstand vertretene Gewerkschaft nur durch solche Rechtshandlungen verpflichtet, welche von sämmtlichen Mitgliedern des Vorstandes vorgenommen sind, es sei denn, daß durch statutarischen Beschluß eine von dieser gesetzlichen Regel abweichende Bestimmung getroffen ist.

Gleichwie gemäß der Vorschrift des Art. 227 des Handelsgesetzbuchs die Bestellung der Mitglieder des Vorstandes einer Aktiengesellschaft zu jeder Zeit widerruflich erscheint, so kann auch das Mandatsverhältniß, in welchem der Repräsentant oder die Mitglieder des Grubenvorstandes zur Gewerkschaft stehen, nach allgemeinen Rechtsgrundsätzen jederzeit widerrufen werden. Dieser Widerruf ist, wie der Rhein. Appellationsgerichtshof zu Köln unterm 7. Juni 1867. Z. X. 270 entschieden hat, durch eine beschlossene und stattgehabte Neuwahl unzweideutig ausgesprochen.

Die hier sub Nr. 30—35 behandelten §§ 123—128 dürfen, wie schon wiederholt bemerkt, selbst durch ein Statut nicht abgeändert werden.

Fünftes Kapitel.

Von der Beitreibung der Beiträge.

36. § 129. Die Klage gegen einen Gewerken auf Zahlung seines durch Gewerkschaftsbeschluss bestimmten Beitrages kann nicht vor Ablauf der in dem §. 115. bestimmten Präklusivfrist von vier Wochen erhoben werden. Ist innerhalb dieser Frist von dem Gewerken auf Aufhebung des Beschlusses Klage erhoben worden (§. 115.), so findet vor rechtskräftiger Entscheidung über dieselbe die Klage gegen den Gewerken nicht statt.

Die Klage gegen den Gewerken kann nur bei dem ordentlichen Richter angestellt werden, in dessen Bezirk das Bergwerk liegt.

Das Verfahren über beide Klagen richtet sich nach den für schleunige Sachen bestehenden Vorschriften.

7*

Hat der Gewerke keine Klage auf Aufhebung des Beschlusses erhoben, oder ist seine Klage rechtskräftig abgewiesen, so steht dem Repräsentanten oder Grubenvorstande das Recht zu, nach fruchtloser Zahlungsaufforderung den rückständigen Beitrag gegen den Gewerken einzuklagen. In diesem bei dem ordentlichen Richter, in dessen Bezirk das Bergwerk liegt, anzustellenden Prozesse sind alsdann Einreden gegen den Beschluß, durch welchen die Beiträge ausgeschrieben worden, unzulässig, weil dieselben zu dem vorhergehenden Prozeßverfahren wegen Aufhebung des Beschlusses gehörten.

Sowohl die Klage des Gewerken auf Aufhebung des Beschlusses als auch die der Gewerkschaft auf Zahlung der Beiträge soll im beschleunigten Verfahren erledigt werden. Die Reichs-Civilprozeßordnung kennt aber ein solches besonderes Verfahren nicht; im § 204 ist nur gesagt, daß Einlassungsfristen, Ladungsfristen, sowie diejenigen Fristen, welche für die Zustellung vorbereitender Schriften bestimmt sind, auf Antrag abgekürzt und so knapp bemessen werden können, daß die Vorbereitung der mündlichen Verhandlung durch Schriftsätze wegfällt. Unter Hinweis auf den vorstehenden § 129 des Allg. Berggesetzes wird daher in der betreffenden Klage, bei dem Gesuche um Terminbestimmung, der Antrag auf Abkürzung der Fristen zu stellen sein.

Was früher sub Nr. 3 zu § 96 hinsichtlich des Gerichtsstandes der Gewerkschaft gesagt ist, gilt auch hier. Daß die Klage gegen den Gewerken bei dem ordentlichen Richter der Gewerkschaft angestellt werden muß, entspricht auch der Vorschrift des § 23 der Reichs-Civilprozeßordnung. Zur Begründung dieses besonderen Gerichtsstandes kommt es zufolge einer Entscheidung des Obertribunals vom 25. November 1872. Z. XIV. 247 nur darauf an, daß der verklagte Gewerke zur Zeit des Gewerkschaftsbeschlusses, durch welchen die eingeklagte Zubuße ausgeschrieben wurde, Gewerke war oder als solcher angesehen wurde. Versäumt der Repräsentant oder der Grubenvorstand die rechtzeitige Einziehung der Zubuße, so haftet er der Gewerkschaft für den nachweisbaren Nachtheil, den dieselbe durch die Verzögerung erleidet. Denn es gehört nach dem Erkenntnisse des Reichsgerichts vom 27. April 1881. Z. XXIII. 110 zu den Pflichten der Vertreter der Gewerkschaft, die ausgeschriebene Zubuße von den Gewerken rechtzeitig einzuziehen; eine jede ordentliche Verwaltung birgt diese Verpflichtung in sich.

37. § 130. Der Gewerke kann seine Verurtheilung und die Exekution dadurch abwenden, dass er unter Ueberreichung des Kuxscheins den Verkauf seines Antheils Behufs Befriedigung der Gewerkschaft anheimstellt.

Diese Vorschrift folgt aus dem Grundsatze, daß der Gewerke nur mit seinem Antheile und durch denselben dafür aber auch persönlich der Gewerkschaft verhaftet ist; die persönliche Haftbarkeit muß wegfallen, wenn er auf seinen Antheil verzichtet. Nach älterem Rechte war dies gleichfalls möglich, jedoch nur dadurch, daß der Gewerke sich mit seinem Antheile kaduziren ließ; durch die Kaduzirung wurde ihm aber mit seinem Eigenthume auch derjenige Werth desselben entzogen, welcher seine Schuld an die Gewerkschaft überstieg, und diese Werthentziehung erfolgte auch zum Nachtheile seiner übrigen Gläubiger. Der Gewerke kann sich gegenwärtig durch Hingabe des Kuxscheines der persönlichen Verpflichtung für die seinerseits der Gewerkschaft schuldigen Beiträge entziehen, ohne den nach Befriedigung der Gewerkschaft verbleibenden Rest aus dem Erlöse des Kuxes zu verlieren. Dieser Rest kommt ihm und eventuell seinen Gläubigern zu Gute.

Wie schon früher in Nr. 14 zu § 107 ausgeführt worden, tritt die Befreiung des Gewerken von der persönlichen Verhaftung nur dann ein, wenn er selbst den Verkauf seines Antheils gemäß § 130 anheimstellt, nicht aber, wenn der Antheil auf Antrag der Gewerkschaft zur Deckung des Zubußerückstandes zwangsweise zur Veräußerung gekommen ist.

Auch bewirkt das bloße Angebot der Abtretung des Eigenthums von Kuxen an die Gewerkschaft nicht die Befreiung von der persönlichen Verhaftung für die rückständigen Beiträge, weil, wie das Erkenntniß des Obertribunals vom 30. November 1874. Z. XVI. 237 näher ausführt, ein solches Angebot der Vorschrift des § 130 nicht entspricht. Bei dem Angebote dieser Gesetzesvorschrift bleibt der Anbietende Eigenthümer der Kuxe; dieselben werden versteigert, und der Erlös wird zur Befriedigung der Gewerkschaft verwendet; ein etwaiger Ueberrest gehört dem bisherigen Eigenthümer. Bei dem Angebote zum Eigenthume will dagegen der Anbietende der Gewerkschaft seine Kuxe an Zahlungsstatt für die Zubußeforderung überlassen; zu diesem Angebote würde die Annahme der Gewerkschaft erforderlich sein, während das Angebot im Sinne des § 130 seine Wirksamkeit ohne jede Zustimmung der Gewerkschaft äußert.

Der Gewerke, welcher auf Zahlung von rückständigen

Beiträgen in Anspruch genommen ist, kann Inhalts der gesetzlichen Vorschrift des § 130 nicht nur seine Verurtheilung, sondern auch die Exekution durch Anheimstellung des Verkaufs seines Antheils, und zwar bei den beweglichen Kuxen unter Ueberreichung des Kuxscheins, abwenden; er ist daher unzweifelhaft befugt, wie dies auch das Obertribunal in seinem Erkenntnisse vom 23. Oktober 1876. Z. XVIII 131 festgestellt hat, nicht blos vor der Verurtheilung, sondern auch noch nach Erlaß des Erkenntnisses bei der Exekutionsvollstreckung den Verkauf seines Antheils der Gewerkschaft anheimzustellen.

Die Anheimstellung des Antheils zum Verkaufe ist weder davon abhängig, daß die betreffende Erklärung in glaubhafter Form abgegeben wird, cf. Erkenntniß des Obertribunals vom 21. November 1873. Z. XV. 129, noch davon, daß die Kuxe pfand- und hypothekenfrei gewährt werden können. cf. Erkenntniß des Obertribunals vom 12. November 1877. Z. XIX. 388. Sind übrigens bewegliche Kuxen des neuen Rechts verpfändet, so wird der Gewerke schwerlich im Stande sein, von der Bestimmung des § 130 zum Nachtheile der Gewerkschaft Gebrauch zu machen, da dies nicht ohne Ueberreichung des Kuxscheins geschehen kann, dieser aber sich nach allgemeinen Rechtsgrundsätzen und nach der ausdrücklichen Vorschrift des § 108 im Besitze des Pfandgläubigers befinden muß; willigt letzterer in die Herausgabe des Kuxscheins an die Gewerkschaft ein und gibt er zu dem Ende seinen Besitz auf, so verliert er eo ipso sein Pfandrecht.

Bei den immobilen Kuxen genügt die Erklärung des Gewerken, daß er den Verkauf seines Antheils behufs Befriedigung der Gewerkschaft wegen rückständiger Zubuße anheimstellt; Kuxscheine über immobile Kuxen kennt das Gesetz nicht, können daher auch nicht mit überreicht werden; auch bedarf es der Ueberreichung irgend eines andern Dokuments über den Kuxbesitz nicht.

38. § 131. Der Verkauf des Antheils erfolgt im Wege der Mobiliarversteigerung nach Vorschrift des §. 109.

Aus dem gelösten Kaufpreise werden zunächst die Verkaufskosten und sodann die schuldigen Beiträge gezahlt.

Ist der Antheil unverkäuflich, so wird derselbe den anderen Gewerken nach Verhältniss ihrer Antheile in ganzen Kuxen, soweit dies aber nicht möglich ist, der Gewerkschaft als solcher im Gewerkenbuche lastenfrei zugeschrieben.

Daß der Gewerkschaft wegen der Zubuße ein Pfandrecht an den Kuxen des säumigen Gewerken oder ein Recht auf vorzugsweise Befriedigung aus dem Erlöse der verkauften Antheile vor den Forderungen der Hypotheken-, Pfand- oder sonstigen Gläubiger nicht zusteht, gleichgültig, ob die Kuxen bewegliche oder unbewegliche sind, ist bereits früher in Nr. 16 zu § 109 des Weitern ausgeführt.

Der Gewerke, welcher seine Kuxe der Gewerkschaft behufs ihrer Befriedigung anheimgestellt hat, ist der Verkäufer der Kuxe; die Gewerkschaft gilt nur als Mandatarin mit dem Rechte, von dem Erlöse die Kosten und die schuldigen Beiträge vorweg zu entnehmen. Der Kuxeigenthümer verliert sein Eigenthum erst mit dem wirklichen Verkaufe und der Uebergabe der Kuxscheine an denjenigen, welcher die Kuxe gemäß der Vorschrift des § 131 erwirbt. Hiervon ausgehend haben die Erkenntnisse des Oberlandesgerichts zu Hamm vom 21. Mai 1881 und des Reichsgerichts vom 10. Dezember 1881. Z. XXIII. 259 den Rechtsgrundsatz festgestellt, daß der Gewerke, welcher den Verkauf seines Antheils gemäß § 130 anheimstellt, ein Recht darauf hat, daß dieser Verkauf nach der Vorschrift des § 131 im Wege der Mobiliarversteigerung (§ 109) erfolgt. Ist dem Gewerken durch Nichtbefolgung der gesetzlich vorgeschriebenen Art des Verkaufs Schaden erwachsen, so kann er nur den Ersatz dieses Schadens, nicht aber die Rückgabe der veräußerten Kuxe von der Gewerkschaft verlangen.

Eine Löschung des Kuxeigenthümers, dessen Antheil nach § 131 versteigert worden ist, resp. eine Umschreibung auf den Ansteigerer im Gewerkenbuche ex officio, d. h. ohne Zuthun des Ansteigerers, ist nicht vorgesehen, und es bleibt der frühere Eigenthümer daher sogar trotz der erklärten und durch den Verkauf verwirklichten Hingabe seines Antheils auf Grund des § 106 der Gewerkschaft gegenüber so lange berechtigt, bis von dem Ansteigerer die Umschreibung in gesetzlicher Weise freiwillig beantragt worden ist. Findet sich für den Antheil kein Käufer, so wächst derselbe nach Verhältniß den andern Gewerken zu, welche an Stelle des Ausfallenden die künftigen und implicite auch die etwaigen rückständigen Beiträge aufbringen müssen. Daß dieser Zuwachs nur in ganzen Kuxen erfolgen kann, steht mit deren durch die Bestimmung des § 101 ausgesprochenen Untheilbarkeit und der Dezimaleintheilung in Einklang. Reicht daher die zur Vertheilung kommende Zahl von Kuxen nicht aus oder ergibt sich ein nicht zu distribuirender Rest, so werden die betreffenden Kuxe der Gewerkschaft als solcher im Gewerkenbuche lastenfrei zugeschrieben.

Solche in das Eigenthum der Gewerkschaft übergegangene Kuxe dürfen, sobald ihre Verkäuflichkeit eintritt, von der Gewerkschaft noch immer veräußert werden. Eine eigentliche Verminderung der gesetzlich oder statutarisch bestimmten Kuxzahl tritt durch die Zuschreibung demnach nicht ein. Anderer Ansicht ist allerdings Klostermann in seinem Kommentare zum Allg. Berggesetz 3. Aufl. S. 220 Note 278, der aber nicht beigetreten werden kann; eine Veranlassung dazu liegt um so weniger vor, als Alles vermieden werden muß, wodurch die strikte Gesetzesvorschrift bezüglich der Zahl der Kuxe und des ihrer Eintheilung der Regel nach zu Grunde zu legenden Dezimalsystems illusorisch gemacht und zu einer blos theoretischen Bedeutung herabgedrückt wird. Mit der Störung dieser durch den Gesetzgeber als zweckmäßig erkannten und deshalb regelmäßig durchgeführten einheitlichen Eintheilung würde wieder Manches in's Ungewisse gestellt und das betheiligte Publikum leicht Irrungen und Mißverständnissen ausgesetzt. Auch die Aktiengesellschaft, der ja im Allgemeinen der Erwerb eigener Aktien untersagt ist, kann in ähnlicher Weise dadurch Eigenthümerin solcher Aktien werden, daß in Folge verzögerter Einzahlung des gezeichneten Aktienbetrages die betreffenden säumigen Aktionäre ihrer Anrechte verlustig gehen. cf. Art. 220 Allg. deutschen Handelsgesetzbuchs.

So lange sich jedoch die Kuxe im Eigenthume der Gewerkschaft befinden, hätte es keinen Sinn, die damit verbundenen Rechte, namentlich die Theilnahme an den Abstimmungen in den Gewerkenversammlungen, durch den Repräsentanten oder den Grubenvorstand geltend machen zu lassen. Abgesehen davon, daß die Letzteren hierzu keine Vollmacht besitzen, würde die Ausübung solcher Rechte nur zu Unzuträglichkeiten führen. Ruhen aber diese Rechte, so lange die Kuxe sich im Eigenthumsbesitze der Gewerkschaft befinden, was um so mehr angenommen werden muß, als die Zuschreibung lastenfrei erfolgt, mit dem Besitze mithin keine Pflichten verbunden sind, so können bei der Berechnung der Beschlußfähigkeit der Gewerkenversammlungen und des Stimmenverhältnisses in denselben die betreffenden Kuxe nicht mitzählen.

Die Frage, ob die Gewerkschaft, abgesehen von der hier statuirten Ausnahme, eigene Kuxe erwerben kann, muß verneint werden, wenn auch das Gesetz ein ausdrückliches Verbot nicht enthält. Dieselben Motive, welche den Gesetzgeber veranlaßt haben, der Aktiengesellschaft den Erwerb eigener Aktien als mit den Grundsätzen des Sozietätsverhältnisses unvereinbar zu untersagen, treffen in noch höherem Maaße bei der Gewerkschaft zu, welche eine gesetzlich normirte Anzahl von in Händen, eventuell beitragspflichtigen Sozien befindlichen Antheilen unterstellt.

Sechstes Kapitel.

Von dem freiwilligen Verzicht der Gewerken auf ihre Antheile.

39. § 132. Jeder Gewerke ist befugt, auf seinen Antheil freiwillig zu verzichten, wenn auf dem An-

theile weder schuldige Beiträge noch sonstige Schuldverbindlichkeiten haften, oder die ausdrückliche Einwilligung der Gläubiger beigebracht wird, und ausserdem die Rückgabe des Kuxscheines an die Gewerkschaft erfolgt.

Der Antheil soll alsdann, sofern die Gewerkschaft nicht anderweitig über denselben verfügt, durch den Repräsentanten zu Gunsten der Gewerkschaft verkauft werden.

Ist der Antheil unverkäuflich, so findet die für diesen Fall im §. 131. getroffene Bestimmung Anwendung.

Auch hier sind in dem zweiten Absatze hinter dem Wortlaute: „durch den Repräsentanten" absichtslos die Worte: „oder den Grubenvorstand" weggeblieben; es kann aber keinem Zweifel unterliegen, daß nicht nur der Repräsentant, sondern, falls die Gewerkschaft durch einen Grubenvorstand vertreten ist, auch dieser zu dem Verkaufe berechtigt bezw. verpflichtet ist.

Grundsätzlich ist durch die Vorschrift des Paragraphen festgesetzt, daß jeder Betheiligte, welcher seinen Antheil zubuß- und schuldenfrei der Gewerkschaft zur Verfügung stellt, jederzeit aus derselben ausscheiden kann.

Die vorgeschriebene Rückgabe der Kuxscheine gilt nur für die beweglichen Kuxe des neuen Rechts, da über die Betheiligung an einer Gewerkschaft des ältern Rechts keine Kuxscheine ausgefertigt, bei diesen Gewerkschaften vielmehr die Gewerken als Eigenthümer ihrer Kuxe in das Hypothekenbuch eingetragen werden. Die Eigenthümer von immobilen Kuxen brauchen daher bei dem etwaigen Verzichte auf dieselben, der Gewerkschaft ein Dokument über ihr Eigenthum nicht zu überliefern; es genügt vielmehr der Nachweis, daß die ausgeschriebenen Zubußen auf die Kuxe geleistet und daß dieselben schulden= resp. hypothekenfrei sind.

Was sub Nr. 38 zu § 131 hinsichtlich des Uebergangs der unverkäuflichen Antheile an die Gewerkschaft gesagt ist, hat auch auf das Schlußalinea des § 132 Anwendung.

Siebentes Kapitel.

Von den sonstigen Bergwerksvereinen außer der Gewerkschaft und von ihrer Repräsentation.

40. § 133. Die Bestimmungen der §§. 94. bis 132. kommen nicht zur Anwendung, wenn die Rechtsverhältnisse der Mitbetheiligten eines Bergwerks durch Vertrag oder sonstige Willenserklärung anderweitig geregelt sind. Ein solches Rechtsgeschäft bedarf zu seiner Gültigkeit der notariellen oder gerichtlichen Form. Die Urkunde über dasselbe ist der Bergbehörde einzureichen.

Mitbetheiligte eines Bergwerks im Sinne des §. 94. sind nicht die Theilhaber an einer ungetheilten Erbschaft oder an einer sonstigen gemeinschaftlichen Masse, zu welcher ein Bergwerk gehört.

Den Mitbetheiligten eines Bergwerks steht es frei, durch Vertrag, also mit Einstimmigkeit die Rechtsverhältnisse unter sich zu ordnen und insbesondere eine jede nach allgemeinem Gesetze gestattete Gesellschaftsform zu wählen; solche von dem als Norm geltenden Gewerkschaftsrechte abweichenden Gesellschaftsverhältnisse können auch durch letztwillige Verfügungen oder sonstige Willenserklärungen geregelt werden. Der Bergbehörde ist die betreffende Urkunde, welche notariell oder gerichtlich aufgenommen sein muß, einzureichen, ohne daß sie über den Inhalt eine Kritik ausüben könnte, wenn dieser nur überhaupt den Anforderungen der allgemeinen Gesetze entspricht. Wird die Urkunde der Bergbehörde jedoch nicht in gehöriger Form oder überhaupt nicht eingereicht, so werden, bis dies geschieht, die Mitbetheiligten als eine Gewerkschaft behandelt, für welche die gesetzlichen Bestimmungen zur Anwendung gelangen.

Uebrigens kann das Rechtsverhältniß der alten Gewerkschaft von den nach Inkrafttreten des Allg. Berggesetzes entstandenen Gewerkschaften vertragsmäßig nicht angenommen werden. cf. Schreiben des Oberbergamts Bonn vom 28. August 1878. Z. XX. 117.

Nach einem Erkenntnisse des Obertribunals vom 7. Januar 1874. Z. XVI. 216 kommen die Vorschriften des Allg. Berggesetzes über die Gewerkschaften nicht zur Anwendung, wenn das zwischen den Betheiligten getroffene Abkommen Bestimmungen enthält, welche mit solchen gewerkschaftlichen Vorschriften des Allg. Berggesetzes in Widerspruch stehen, die nicht abgeändert werden dürfen; die singulären Vorschriften der §§ 94—132 sind alsdann nur insofern anwendbar, als etwa die Kontrahenten dieselben als Bestandtheile ihres vertragsmäßigen Abkommens in dieses ausdrücklich aufgenommen haben. Ist beispielsweise in dem Vertrage im Widerspruch mit dem unabänderlichen § 102 Absatz 2 vereinbart, daß die zum Betriebe erforderlichen Beiträge der Mitbetheiligten nicht nach Verhältniß ihrer Kuxe, sondern in anderer Weise zu leisten sind, so entsteht ein gewerkschaftliches Verhältniß mit seinen Folgen unter den Kontrahenten überhaupt nicht.

Dasselbe Erkenntniß hat ferner den Rechtssatz festgestellt, daß die im § 133 angeordnete Einreichung der Urkunde bei der Bergbehörde nicht die Bedingung der Rechtsverbindlichkeit des Vertrages ist; die Einreichung geschieht vielmehr lediglich zur Kenntnißnahme für die Bergbehörden, welche, wie schon bemerkt, die Betheiligten so lange nach den für die Gewerkschaft gegebenen gesetzlichen Vorschriften behandelt, bis die Urkunde in gehöriger Form eingereicht wird.

Eheleute, zu deren gemeinschaftlichem Vermögen ein Bergwerk gehört, bilden keine Gewerkschaft. Denn die Rechtsverhältnisse der Eheleute sind entweder durch Ehevertrag, oder in Ermangelung eines solchen durch die bestehenden Gesetze über die vermögensrechtlichen Verhältnisse derselben anderweitig geregelt. cf. Bescheid des O. B. A. Bonn vom 31. Mai 1880. Z. XXI. 399.

41. § 134. In den Fällen des §. 133. muss, wenn die Mitbetheiligten eines Bergwerks nicht eine Gesellschaft bilden, deren Vertretung durch die allgemeinen Gesetze geordnet ist, ein im Inlande wohnender Repräsentant bestellt und der Bergbehörde namhaft gemacht werden, widrigenfalls letztere nach §. 127. zu verfahren befugt ist.

Dasselbe gilt, wenn der Alleineigenthümer eines Bergwerks im Auslande wohnt.

Dieser Repräsentant hat diejenigen Geschäfte zu besorgen, welche im § 124. als solche bezeichnet sind, die dem Repräsentanten oder Grubenvorstande einer Gewerkschaft niemals entzogen werden dürfen. Eine Abänderung ist auch hier unzulässig.

Bei Gesellschaften, welche, wie beispielsweise Aktiengesellschaften, eine durch das Gesetz oder auf dessen Grund durch Statut geordnete Vertretung haben, bedarf es der Bestellung eines Repräsentanten nicht, — ja nach einer Entscheidung des Obertribunals vom 21. Januar 1878. Z. XX. 353 kann der Alleineigenthümer eines Bergwerks, dem die Aktiengesellschaft wie jede andere Gesellschaft, welche eine gesetzlich geregelte Vertretung besitzt, gleich zu achten ist, — abgesehen von dem Falle, wenn der Alleineigenthümer im Auslande wohnt, — überhaupt keinen Repräsentanten im Sinne des Berggesetzes bestellen, und seinem mit diesem Namen bezeichneten Vertreter nicht mehr Befugnisse einräumen, als er nach dem maßgebenden Civil- und Prozeßrechte einem gewöhnlichen Bevollmächtigten übertragen darf. cf. auch Erkenntniß des Landgerichts zu Dortmund vom 28. März 1881. Z. XXIII. 232, welches sich gerade mit Rücksicht auf die Aktiengesellschaft in diesem Sinne ausgesprochen hat.

Dagegen sind überall da, wo es an einem gesetzlichen Vertreter fehlt, die Bergwerksbetheiligten, auch wenn sie im Uebrigen die Anwendung der §§ 94—132 ausgeschlossen und ihre gegenseitigen Verhältnisse unter sich und Dritten gegenüber anderweitig geregelt haben, einen Repräsentanten zu bestellen verpflichtet, welcher das Bergwerk und bezw. die Betheiligten bei den Verhandlungen mit der Bergbehörde, den Knappschaftsvereinen und andern auf den

Bergbau bezüglichen Instituten, sowie vor Gericht zu vertreten hat.

Erfolgt die Ernennung des Repräsentanten durch die Mitbetheiligten nicht, so hat die Bergbehörde die Bestellung vorzunehmen. Hält die Bergbehörde den ernannten Repräsentanten zur Wahrnehmung der ihm obliegenden Geschäfte persönlich nicht befähigt, so steht ihr doch nicht das Recht zu, an seiner Stelle einen andern Repräsentanten zu ernennen. Denn der § 134 setzt voraus, daß ein Repräsentant überhaupt nicht bestellt worden ist; ob der bestellte Vertreter persönlich fähig ist, die Interessen der an dem Bergwerke Betheiligten gehörig wahrzunehmen, muß der Beurtheilung der Letztern überlassen bleiben. Es stellt sich dies als eine innere Angelegenheit dar. Dem öffentlichen Interesse ist genügt, wenn ein Vertreter existirt, an welchen Zustellungen mit rechtlicher Wirkung erfolgen können. In diesem Sinne hat sich ein Erlaß des Ministers für Handel und Gewerbe vom 15. April 1878. Z. XXI. 399 ausgesprochen.

Daß unter Inland gegenwärtig das ganze deutsche Reichsgebiet zu verstehen ist, wurde schon sub Nr. 24 zu § 117 ausgeführt.

Achtes Kapitel.

Von den Gewerkschaften welche zur Zeit des Eintritts der Gesetzeskraft des Allg. Berggesetzes bereits bestanden.

42. § 226. Die Rechtsverhältnisse der bei dem Eintritt der Gesetzeskraft des gegenwärtigen Gesetzes [Allg. Berggesetzes] in den rechtsrheinischen Landestheilen bestehenden Gewerkschaften sind, soweit es an vertragsmässigen Verabredungen fehlt und nicht in den nachfolgenden §§. 227. bis 239. etwas Anderes bestimmt ist, nach den Vorschriften des vierten Titels zu beurtheilen.

Es wäre ungerechtfertigt, aus dieser Bestimmung folgern zu wollen, daß alle nach dem 1. Oktober 1865 zur Kontestation kommenden Rechtsverhältnisse nun auch unbedingt nach dem neuen Berggesetze zu entscheiden sind. Der § 226 verfügt nur, daß das neue Berggesetz von der Anwendung auf die Rechtsverhältnisse älterer Gewerkschaften nicht schon deshalb auszuschließen sei, weil die Gewerkschaft bereits vor dem 1. Oktober 1865 bestanden hat. Im Uebrigen soll der § 226 nicht den allgemeinen Grundsätzen über die rückwirkende Kraft der Gesetze derogiren, wonach Rechte, welche unter der älteren Gesetzgebung erworben sind, durch das neue Gesetz nicht alterirt werden.

So haftet beispielsweise gemäß § 99, welcher nach den §§ 226, 227 auch für die älteren Gewerkschaften gilt, „für die Verbindlichkeiten der Gewerkschaft nur das Vermögen derselben". Das Preuß. Obertribunal hat sich jedoch wiederholt, zuletzt mittels Erkenntniß vom 24. November 1873.

Z. XV. 279 dahin ausgesprochen, daß der § 99 sich nur auf Verbindlichkeiten beziehen könne, welche erst nach Eintritt der Gesetzeskraft des Allg. Berggesetzes, also nach dem 1. Oktober 1865 entstanden sind, und daß deshalb z. B. für die Entschädigung, welche dem Grundeigenthümer hinsichtlich des zum Bergbau abgetretenen Grund und Bodens gebührt, diejenigen Mitglieder einer Gewerkschaft des älteren Rechts, welche zur Zeit der unter der Herrschaft des Letztern erfolgten Inbesitznahme des betreffenden Areals die Gewerkschaft bildeten, persönlich haften.

43. § 227. Die §§. 94. bis 98., 101. 103. 105. 106. 108. 109. und 110. finden auf die bestehenden Bergwerke keine Anwendung.

In verschiedenen deutschen Bergrechten, wie z. B. in demjenigen für Württemberg, Sachsen-Meiningen, Gotha, ist die Anwendung gewisser Paragraphen des neuen Gesetzes auf bei dessen Einführung bereits bestehende Gewerkschaften nicht ausgeschlossen worden, so daß hier erfreulicher Weise der im praktischen Leben höchst mißliche und nur zur Erzeugung von Verwirrungen aller Art geeignete Unterschied zwischen Gewerkschaften des älteren und des neuen Rechts nicht besteht. Das Braunschweigische Berggesetz, welches allerdings auch ähnlich wie der § 227 einzelne Bestimmungen auf die alten Gewerkschaften unanwendbar erklärt, verfügt dann weiter, daß die Mitbetheiligten der bei dem Eintritte der Gesetzeskraft des neuen Gesetzes bestehenden Bergwerke ihre Rechtsverhältnisse, soweit dies nicht schon geschehen ist, notariell oder gerichtlich zu regeln haben, und daß die Urkunden darüber der Bergbehörde einzusenden sind, — eine Bestimmung, die gute Folgen haben kann.

In der Provinz Hannover haben mit Ausnahme der Aemter Zellerfeld und Elbingerode im Bezirke des Bergamts Klausthal die im § 227 bezogenen Gesetzesvorschriften auch für die bereits bestehenden Gewerkschaften Geltung; es ist also dort ein ähnlicher Rechtszustand, wie in Württemberg, Sachsen-Meiningen und Gotha geschaffen.

Für Elsaß-Lothringen ist bei Einführung des Allg. Berggesetzes analog der Vorschrift des § 240 bestimmt, daß in den bestehenden Rechtsverhältnissen der Mitbetheiligten eines Bergwerks im Allgemeinen eine Aenderung nicht eintritt.

Was nun die Fassung des § 227 anbelangt, welcher sich unmittelbar an den § 226 anschließt, so erscheint dieselbe insofern mangelhaft, als darin die betreffenden Gesetzesvorschriften nicht als auf bestehende Bergwerke, sondern als auf bestehende Gewerkschaften bezw. auf im Besitze einer Gewerkschaft befindliche Bergwerke unanwendbar hätten erklärt werden sollen. Denn es kann ein begründeter Zweifel darüber nicht bestehen, daß vor dem 1. Oktober 1865 im Besitze eines Alleineigenthümers befindliche Bergwerke, welche nach diesem Zeitpunkte auf mehrere Betheiligte übergegangen sind, den Bestimmungen der §§ 94—98, 101 2c. 2c. unterliegen. Darauf, ob das Bergwerk vor oder nach dem 1. Oktober verliehen worden ist, kann es nicht ankommen, sondern nur darauf, ob seit diesem Zeitpunkte ein früher bestandenes oder neu begründetes Bergwerk in den Besitz mehrerer Personen gelangt. Ist Letzteres der Fall, so tritt für die Betheiligten die gewerkschaftliche Verfassung des Allg. Berggesetzes ein. Die Auslegung des § 227 nach seinem Wortlaute würde keinen vernünftigen Sinn haben; der § 227 schließt sich dem § 226 auf das Engste an, und dieser verfügt, daß die Rechtsverhältnisse der am 1. Oktober 1865 in den rechtsrheinischen Landestheilen bestehenden Gewerkschaften, soweit es an vertragsmäßigen Verabredungen fehlt und nicht in den nachfolgenden §§ 227—239 etwas Anderes bestimmt ist, nach den Vorschriften des vierten Titels beurtheilt werden sollen. Allein maßgebend für die Anwendung der §§ 227—239 ist hiernach die Thatsache des Bestehens der Gewerkschaft am 1. Oktober 1865. Später entstehende Gewerkschaften fallen eo ipso unter die Vorschriften des vierten Titels, auch wenn das die Grundlage bildende Bergwerk schon früher bestanden hat; es hat nicht in der Absicht des Gesetzgebers gelegen, noch nach dem 1. Oktober 1865 Gewerkschaften des alten Rechts ins Leben treten zu lassen, wie dies der Fall sein würde, wenn man die Bestimmung des § 227 wörtlich nehmen wollte, nach welcher übrigens für die am 1. Oktober 1865 vorhanden gewesenen rechtsrheinischen Gewerkschaften die sonstigen Vorschriften des vierten Titels, also die §§ 99, 100, 102, 104 und 107, welche das Verhältniß der Gewerken zur Gewerkschaft behandeln, ferner die §§ 111—128 über die Beschlußfassung und Repräsentation der Gewerkschaft, — mit Ausnahme jedoch der Bestimmung des § 121 in Absatz 1 betreffs der Führung des Gewerkenbuches und der Ausfertigung der Kuxscheine, — endlich die §§ 129—131 über die Einziehung der Beiträge und der § 132 über den Verzicht auf Antheile Geltung haben.

44. § 228. Die seitherige Kuxeintheilung bleibt bestehen. Jedoch kann von jetzt an ein Kux nur noch in Zehntheile getheilt werden.

Die Kuxe behalten die Eigenschaft der unbeweglichen Sachen.

Man hielt es für zu schwierig, hinsichtlich der Eintheilung der meist in der Zahl von 128 vorhandenen Kuxe der Gewerkschaften des älteren Rechts zwangsweise das Dezimalsystem einzuführen, und zwar namentlich deshalb, weil in Folge der bis zur Einführung des neuen Gesetzes möglichen Zerlegbarkeit der immobilen Kuxe in beliebige Bruchtheile bei den meisten Gewerkschaften eine unglaubliche Zersplitterung der Kuxe stattgefunden hatte; dazu trug, abgesehen von Erbtheilungen, Theilverkäufen und Konsolidationen, insbesondere das Kaduzirungsverfahren bei, indem die kaduzirten Antheile auf die übrigen Gewerken nach Verhältniß ihres Kuxbesitzes vertheilt wurden. Es gibt eine ganze Reihe von Gewerkschaften des älteren Rechts, deren Kuxantheile mit Brüchen von mehreren Millionen bis zu mehreren Trillionen im Nenner abschließen, ja bei einigen zählen die Brüche im Nenner bis zu 49 Stellen.

Klostermann führt in seinem Kommentar Note 605 zu § 228 an, daß bei dem Bergwerke Altendorf die größere Zahl der Antheile mit Brüchen von 7—13 Stellen im Nenner abschließen, und daß die Betheiligungen sämmtlicher Gewerken bei dem Bergwerke Ver. Kirschbaum und Neumark auf Bruchtheile von 6—29 ausgehen. Nach den Motiven zu der Novelle vom 9. April 1873 betrug bei der gedachten Zeche Altendorf ein Bruchtheil

$$\frac{15{,}492{,}304{,}040{,}688{,}724.846{,}477.050{,}345{,}258.337{,}431.427{,}461{,}939}{420{,}854{,}322{,}553{,}304{,}101{,}278{,}422{,}820{,}874{,}770{,}436{,}510{,}310{,}048{,}000}.$$

Daß solche Zersplitterungen, welche im Laufe der Zeit progressiv zunehmen, dem Hypothekenrichter keine Freude bereiten und auch der gewerkschaftlichen Verwaltung wie den Be=

theiligten selbst nicht zur Annehmlichkeit gereichen können, bedarf keiner Ausführung, und so lag es für den Gesetzgeber nahe, wenigstens für die Folge gegen die weitere Ausbreitung dieser Uebelstände Vorkehrungen zu treffen. Wie die Untheilbarkeit der mobilen Kuxen des neuen Rechts schon durch den § 101 ausgesprochen worden war, so verfügt der § 228, daß von jetzt an ein immobiler Kux nur noch in zehn Theile zerlegt werden darf, so daß, wenn alle 128 Kuxe getheilt werden, 1280 unbewegliche Kuxantheile geschaffen werden können. Die Untereintheilung des Kux in Zehntheile setzt aber voraus, daß derselbe nicht schon bei Einführung des Gesetzes in Bruchtheile zerfiel, welche die Zerlegung des Kux in Zehntheile unmöglich machen. Denn nur die Kuxe, nicht die Bruchtheile, dürfen in Zehntel getheilt werden. Ein Antheil von $^1/_5$ Kux kann also noch in $^2/_{10}$ Kux zerlegt werden; dagegen ist beispielsweise die Theilung von $^1/_4$ Kux weiterhin unmöglich.

Einen Zwang, die vorhandenen Bruchtheile auf Zehntel-Kuxe zurückzuführen, kennt das Gesetz nicht.

45. § 229. Die einzelnen Gewerken werden, soweit die Einrichtung des Hypothekenwesens dies gestattet, als Eigenthümer ihrer Kuxe in das Hypothekenbuch eingetragen.

Diese Vorschrift entspricht dem älteren Rechte, folgt aus der Immobiliarqualität der Kuxe und bedarf keiner weiteren Erläuterung.

46. § 230. Die einzelnen Gewerken können ihre Kuxe zur Hypothek stellen.

Eine Verpfändung des ganzen Bergwerks durch Mehrheitsbeschluss (§. 114.) ist nur dann zulässig, wenn die einzelnen Kuxe nicht mit Hypotheken belastet sind. Anderen Falls ist Einstimmigkeit erforderlich.

Der Mehrheitsbeschluß im Falle der Hypothekenfreiheit aller Kuxe erfordert nach der Bestimmung des angezogenen § 114 immerhin die Zustimmung von mindestens drei Viertheilen aller Kuxe.

Um zu verhüten, daß die Majorität der Gewerken, da wo einzelne Kuxe bereits mit Hypotheken belastet sind, den Kredit der noch lastenfreien Kuxe für ihr Interesse ausbeute, hat der Gesetzgeber in diesem Falle zur Verhypothezirung des ganzen Bergwerks Einstimmigkeit verlangt. Richtiger wäre es gewesen und es würde den Motiven des Gesetzes mehr entsprochen haben, wenn man auch hier die Verpfändung mittels Mehrheitsbeschlusses (§ 114) zugelassen hätte, mit der Maßgabe jedoch, daß sämmtliche Besitzer von mit Hypotheken nicht belasteten Kuxen dieser Mehrheit angehören müßten.

Nach einem Bescheide des Appellationsgerichts Hamm vom 3. September 1873 dürfen, wenn in Folge Mehrheitsbeschlusses der Gewerkschaft (§ 114) das ganze Bergwerk verkauft ist, die auf einzelnen Kuxen eingetragenen Hypotheken auf Grund dieses Verkaufes nicht gelöscht werden, auch wenn die Beträge der versicherten Forderungen zum gerichtlichen Depositum gezahlt sind. Z. XVII. 529.

47. § 231. Bei der Veräusserung und Verpfändung von Kuxen kommen die für Grundstücke gegebenen Bestimmungen zur Anwendung.

Nach den Motiven des Gesetzes bildet diese Bestimmung gleichfalls eine Folge der Immobiliareigenschaft der Kuxe des älteren Rechtes; gleichzeitig wird dadurch eine durch die mangelhafte Redaktion der landrechtlichen Bestimmungen über die mittelbare Erwerbung von Kuxen entstandene Kontroverse beseitigt. Früher hatte das Obertribunal den Grundsatz festgestellt, daß der Uebergang des Eigenthums von Bergwerksantheilen bei deren mittelbaren Erwerbung von der Zuschreibung im Gegenbuche abhängig sei, — später aber durch Plenarbeschluß vom 7. Juli 1851 das gerade Gegentheil angenommen und bestimmt, daß der Uebergang des Eigenthums von Bergwerksantheilen bei deren mittelbaren Erwerbung von der Zuschreibung im Berggegenbuche nicht abhängig sei, dabei vielmehr die allgemeinen Bestimmungen von der mittelbaren Erwerbung des Grundeigenthums überhaupt zur Anwendung gelangten.

Diese letztere Entscheidung hat der Vorschrift des § 231 als Grundlage gedient, welche übrigens den Bestimmungen der älteren Bergordnungen nicht entspricht, da dieselben den Eigenthumsübergang von Bergwerksantheilen in der Regel von der Zuschreibung im Berggegenbuche abhängig machten. Nachdem durch das Gesetz vom 5. Mai 1872 im Falle einer freiwilligen Veräußerung der Eigenthumserwerb statt von der Besitzübertragung, von der auf Grund der Auflassung erfolgten Eintragung im Grundbuche abhängig gemacht worden ist, gilt dieser Grundsatz gemäß § 231 auch für die immobilen Bergwerksantheile.

48. § 232. Der §. 107. findet mit der Maassgabe Anwendung, dass die Erhebung der Beiträge beschlossen sein muss, bevor der seitherige Eigenthümer der Kuxe dieselben veräussert hat.

Diese Modifikation des im Allgemeinen auch auf die Gewerkschaften des älteren Rechts anwendbaren § 107 war nothwendig, und es mußte hinsichtlich der Verhaftung des seitherigen Eigenthümers für die Beiträge der Zeitpunkt der Veräußerung als entscheidend angenommen werden, weil bei den Gewerkschaften des älteren Rechts die Führung des Gewerkenbuches ausgeschlossen ist und daher auch von einer Umschreibung der Kuxe in demselben keine Rede sein kann.

Bei Einführung des Allg. Berggesetzes in das Gebiet des vormaligen Herzogthums Nassau ist in Art. XI. der betreffenden Verordnung vom 22. Februar 1867 bestimmt, daß der im § 232 angenommene Zeitpunkt eingetreten sei, sobald die Ab- und Zuschreibung im Berggegenbuche gesetzlich beantragt worden.

49. § 233. Soweit die bereits bestellten Repräsentanten und Grubenvorstände mit besonderen Vollmachten versehen sind, behält es bei denselben sein Bewenden.

Im Uebrigen ist von der Anwendung der §§. 119. bis 126. und 128. auf diese Repräsentanten und Grubenvorstände nur die Bestimmung des §. 121. über die Führung des Gewerkenbuchs und die Ausfertigung der Kuxscheine ausgeschlossen.

Besitzt also der vor dem Inkrafttreten des Allg. Berggesetzes gewählte Repräsentant oder Grubenvorstand einer Gewerkschaft des älteren Rechts keine besondere Vollmacht, ist er lediglich auf Grund des Gesetzes vom 12. Mai 1851 bestellt, so sind die ihm zustehenden Rechte und obliegenden Pflichten nur nach den Bestimmungen des neuen Gesetzes zu beurtheilen, mit der Maaßgabe, daß die Führung des Gewerkenbuchs und die Ausfertigung von Kuxscheinen ausgeschlossen bleibt.

Eine besondere Vollmacht im Sinne des § 233 ist nach einem Erkenntnisse des Obertribunals vom 23. März 1877. Z. XIX. 117 dann vorhanden, wenn die Gewerkenversammlung eine die einzelnen Befugnisse des Repräsentanten oder Grubenvorstandes normirende Willenserklärung abgegeben, wenn sie demselben einen besonderen Vollmachtsauftrag (Allg. Landrecht Th. I. Tit. 13 § 5) ertheilt hat. Hat sich die Gewerkenversammlung vor Emanation des Allg. Berggesetzes darauf beschränkt, in der Wahlverhandlung nur die Person des Repräsentanten oder die Mitglieder des Grubenvorstandes zu nennen, so waren die Befugnisse dieser Vertreter aus dem die Verhältnisse der Miteigenthümer eines Bergwerks regelnden Preuß. Gesetze vom 12. Mai 1851 § 18 zu entnehmen, und nach Aufhebung dieses Gesetzes (Allg. Berggesetz § 244) sind die Vorschriften des Allg. Berggesetzes an dessen Stelle getreten. Hat aber die Gewerkenversammlung die Befugnisse angegeben, welche der erwählte Repräsentant oder Grubenvorstand haben soll, so liegt der Rechtsgrund zu diesen Befugnissen nicht im Gesetze, sondern im Willen der Gewerkschaft. Es ist alsdann dem Repräsentanten oder Grubenvorstande eine „besondere Vollmacht" ertheilt, und in diesem in dem Willen der Gewerkschaft und in dem Abschlusse des Vollmachtsvertrages mit dem Repräsentanten oder Grubenvorstande beruhenden Rechtsverhältnisse hat das Allg. Berggesetz nichts geändert, wie dasselbe überhaupt, z. B. auch im § 226, vermieden hat, in bestehende vertragsmäßige Rechtsverhältnisse einzugreifen.

In dem nämlichen Erkenntnisse hat das Obertribunal den Rechtsgrundsatz ausgesprochen, daß ein vor dem Inkrafttreten des Allg. Berggesetzes zur Ausübung der äußern

Rechte und Pflichten des Grubenvorstandes bezeichnetes Mitglied des Letztern (§ 15 des Gesetzes vom 12. Mai 1851) auch gegenwärtig noch legitimirt sei, allein Klagen Namens der Gewerkschaft anzustellen.

Sind die Befugnisse des Repräsentanten einer Gewerkschaft des älteren Rechts in der Wahlverhandlung dahin erweitert, daß dieselbe ihn zu allen den Handlungen ermächtigt, welche sonst nur mit $^3/_4$ Mehrheit oder mit Einstimmigkeit beschlossen werden können, so erscheint der Repräsentant dadurch doch noch keineswegs befugt, die Verfassung der Gewerkschaft umzuwandeln, damit ihre Rechtssubjektivität gänzlich zu ändern und aus der Gewerkschaft des alten Rechts eine Gewerkschaft des neuen Rechts mit der Eigenschaft einer juristischen Person zu bilden. Denn zu einem Umwandlungsbeschlusse nach § 235 ist eine Mehrheit von mehr als $^3/_4$ aller Kuxe erforderlich, folglich für den Repräsentanten „ein besonderer Auftrag der Gewerkenversammlung" nöthig. (§ 120 Nr. 1.)

50. § 234. In den Fällen der §§. 130. bis 132. erfolgt der Verkauf des Antheils im Wege der nothwendigen Subhastation und die Zuschreibung des unverkäuflichen Antheils im Hypothekenbuche, letzteres, soweit die Einrichtung des Hypothenwesens dies gestattet.

Durch die Anwendbarkeit der §§ 130—132, welche von der Hingabe des Antheils zur Vermeidung des Zwangsverfahrens und dem freiwilligen Verzichte handeln, ist auch für die Gewerkschaften des älteren Rechts das bisherige Zubuß- und Kaduzirungs-Verfahren in Wegfall gekommen, sofern als die Schuldverpflichtung nicht schon vor Einführung des neuen Gesetzes begründet und Gegenstand der Klage geworden ist. Da bei den Kuxen des älteren Rechts eine Repräsentation derselben durch Kuxscheine nicht stattfindet, so ist der Gewerke auch nicht in der Lage, einen Kuxschein der zum Verkauf anheimgegebenen Kuxe zu überreichen, wie dies der § 130 bei beweglichen Kuxen anordnet. Bei dem Verkaufe nach § 234 bedarf es demnach nicht der Uebergabe irgend eines Dokuments über den Kuxbesitz; es genügt vielmehr die Erklärung des im Grundbuche eingetragenen Gewerken, daß er den Verkauf seines Antheils behufs Befriedigung der Gewerkschaft wegen der rückständigen Zubuße anheimgibt. Der Verkauf des Antheils kann selbstverständlich nicht im Wege der Mobiliarversteigerung nach § 109, sondern nur im Wege der Subhastation stattfinden, weil der Kux der Gewerkschaften, welche bei Einführung des Gesetzes bereits bestanden, Immobiliarqualität besitzt; aus demselben Grunde erfolgt die Zuschreibung des unverkäuflichen Antheils im Hypothekenbuche.

51. § 235. Durch einen von einer Mehrheit von wenigstens drei Viertheilen aller Kuxe gefassten Beschluss kann, soweit nicht vertragsmässige Verabredungen entgegenstehen, jede bereits bestehende Gewerkschaft sich denjenigen Bestimmungen des vierten Titels, welche nach §. 227. auf die bestehenden Bergwerke keine Anwendung finden, unterwerfen und insbesondere die Kuxe auf die nach §. 101. zulässige Eintheilung mit der Wirkung zurückführen, dass die neuen Kuxe die Eigenschaft der beweglichen Sachen haben.

Ist bei dem Eintritt der Gesetzeskraft dieses Gesetzes der Besitz der Kuxe einer Gewerkschaft dergestalt getheilt, dass der Zurückführung derselben auf die vorbezeichnete Eintheilung aussergewöhnliche Schwierigkeiten entgegenstehen, so kann mit Genehmigung des Oberbergamts die Zahl der Kuxe auf zehntausend bestimmt werden.

Das Protokoll über die Gewerkenversammlung, in welcher der Beschluss gefasst wird, ist notariell oder gerichtlich aufzunehmen.

Wenn auf gewerkschaftlichen Antheilen Hypotheken haften oder Privilegien des Rheinischen Rechts, so darf ein solcher Beschluss nur dann ausgeführt werden, wenn diese Gläubiger entweder vorher abgefunden sind oder in die Ausführung ausdrücklich eingewilligt haben.

Dieser Paragraph, welcher den am 1. Oktober 1865 bestandenen Gewerkschaften die Möglichkeit bietet, sich der gewerkschaftlichen Verfassung des neuen Rechts zu unterwerfen und den Kuxen die Eigenschaft beweglicher Sachen beizulegen, ist durch Gesetz vom 9. April 1873 aufgehoben und durch die nachfolgenden §§ 235a—235g ersetzt worden.

§ 235a. Durch einen von einer Mehrheit von wenigstens drei Viertheilen aller Kuxe gefassten Beschluss kann, soweit nicht vertragsmässige Verabredungen entgegenstehen, jede bereits bestehende Gewerkschaft sich denjenigen Bestimmungen des vierten Titels, welche nach §. 227. auf die bestehenden Bergwerke keine Anwendung finden, unterwerfen und insbesondere die Zahl der Kuxe auf Einhundert oder Eintausend mit der Wirkung bestimmen, dass die neuen Kuxe die Eigenschaft der beweglichen Sachen haben.

Stehen der vorbezeichneten Eintheilung aussergewöhnliche Schwierigkeiten entgegen, so kann mit Genehmigung des Ministers für Handel, Gewerbe und öffentliche Arbeiten ausnahmsweise eine andere Zahl der Kuxe bestimmt werden.

§ 235 b. Der Beschluss der Gewerkschaft unterliegt der Bestätigung des Oberbergamts.

Das Protokoll über die Gewerkenversammlung, in welcher der Beschluss gefasst wird, ist notariell oder gerichtlich aufzunehmen und in Ausfertigung dem Oberbergamte einzureichen. Wo die Einrichtung des Hypothekenwesens es gestattet, hat die Hypothekenbehörde den Beschluss auf Grund einer Ausfertigung des Protokolls im Hypothekenbuche zu vermerken und dem Oberbergamte eine beglaubigte Abschrift des Vermerks mitzutheilen. Die Löschung des Vermerks erfolgt auf Antrag des Oberbergamts.

§ 235 c. Wenn auf gewerkschaftlichen Antheilen Privilegien des Rheinischen Rechts oder Hypotheken haften, so wird der wesentliche Inhalt des Beschlusses, insbesondere die Zahl der neuen Kuxe durch das Oberbergamt den aus dem Hypothekenbuche oder aus den Rheinischen Hypothekenregistern ersichtlichen Berechtigten, insofern deren ausdrückliches Einverständniss mit dem Beschlusse nicht beigebracht ist, unter Verweisung auf diesen und die beiden nachstehenden Paragraphen bekannt gemacht.

In jedem Falle erfolgt diese Bekanntmachung durch das Amtsblatt der Regierung, in deren Bezirk das Bergwerk liegt.

§ 235d. Die privilegirten Gläubiger des Rheinischen Rechts, sowie die Hypothekengläubiger können ihre Befriedigung vor der Verfallzeit verlangen, soweit dies die Natur ihres Anspruchs gestattet.

Dieses Recht muss binnen drei Monaten nach Ablauf des Tages, an welchem die Bekanntmachung zugestellt, beziehungsweise das die Bekanntmachung enthaltende Amtsblatt ausgegeben worden ist, durch gerichtliche Klage geltend gemacht und binnen derselben drei Monate muss dem Oberbergamte die erfolgte Klageanstellung nachgewiesen werden. Der eingeklagte Anspruch muss unausgesetzt gerichtlich weiter verfolgt werden. Die Nichtbeobachtung dieser Vorschriften zieht den Verlust des Rechts nach sich.

§ 235e. Sind privilegirte Gläubiger des Rheinischen Rechts oder Hypothekengläubiger nicht vorhanden, oder haben dieselben von dem ihnen beigelegten Recht, ihre Befriedigung vor der Verfallzeit zu verlangen, keinen Gebrauch gemacht, oder sind deren Rechte nach den vorstehenden Bestimmungen oder im Wege der gütlichen Einigung erledigt, so hat das Oberbergamt den Beschluss zu bestätigen und die erfolgte Bestätigung durch das Amtsblatt der Regierung, in deren Bezirk das Bergwerk liegt, bekannt zu machen.

§ 235f. Privilegirte Gläubiger des Rheinischen Rechts, sowie Hypothekengläubiger, deren Privilegium oder Realrecht erst nach dem Tage der Ausgabe des die Bekanntmachung des Beschlusses enthaltenden Amtsblattes, beziehungsweise nach der Eintragung des Vermerkes über den Beschluss im Hypothekenbuche entstanden ist, sind den rechtlichen Folgen des Beschlusses ohne Weiteres unterworfen.

§ 235g. Bleiben bei der neuen Eintheilung überschiessende Kuxtheile zurück, so erfolgt nach geschehener Zusammenlegung zu ganzen Kuxen auf Grund des bestätigten Beschlusses die nothwendige Subhastation derselben auf Antrag des Repräsentanten oder Grubenvorstandes durch den zuständigen Richter, insofern nicht die an den überschiessenden Kuxtheilen betheiligten Gewerken über die anderweitige Zusammenlegung dieser Kuxtheile ein Uebereinkommen getroffen und der Gewerkschaft vorgelegt haben. Mit der Subhastation erlöschen alle Privilegien des Rheinischen Rechts, Realrechte und Hypotheken, welche auf den überschiessenden Kuxtheilen haften.

Die Kosten der Subhastation fallen der Gewerkschaft zur Last.

Die an den ursprünglichen Paragraphen 235 geknüpfte Hoffnung, mittels allgemeinerer Anwendung desselben die Gewerkschaften des älteren Rechts recht bald zu reformiren und dadurch für die größere Zahl der Gewerkschaften eine einheitliche Grundlage zu gewinnen, hatte sich nicht verwirklicht. Man glaubte schon bald nach Inkrafttreten des Allg. Berggesetzes, daß die Zurückhaltung der vor dessen Einführung bereits bestandenen Gewerkschaften in den erschwerenden Bedingungen zu finden sei, welche der § 235 für die Umbildung stelle. Schon im Jahre 1869 trat die Staatsregierung der Frage näher, in welcher Weise diese Bedingungen sich erleichtern ließen.

So kam endlich das vorgedachte Gesetz vom 9. April 1873

als erste Novelle zu dem Allg. Berggesetze zu Stande. Die Schwierigkeiten, welche sich bis dahin der Umbildung der alten Gewerkschaften entgegengestellt hatten, glaubte man theilweise darin zu finden, daß die unbeweglichen Kuxen, welche, wie schon früher sub Nr. 44 zu § 228 ausgeführt, in unglaublicher Weise zersplittert waren, sich nur selten auf 100, 1000 oder 10,000 bewegliche Kuxe ohne überschießende Bruchtheile zurückführen ließen, und daß diese Bruchtheile beim Mangel einer Einigung deren Eigenthümer oder der Inhaber von darauf lastenden Hypotheken nicht beseitigt werden konnten, — theilweise aber auch darin, daß die Ausführung des gewerkschaftlichen Beschlusses, welcher die Umbildung bezweckte, von der Zustimmung oder von der vorherigen Abfindung der Antheils-Hypothekengläubiger abhängig gemacht war. Diese unter der Herrschaft des § 235 bestandenen Uebelstände sollten nun durch die an dessen Stelle gesetzten §§ 235a—235g beseitigt werden. Unserer Ansicht nach wäre dazu ein radikaleres Mittel nothwendig gewesen. Man hätte ähnlich wie in Oesterreich und Sachsen die Mobilisirung der Kuxe zwangsweise durchführen sollen. Nur auf diese Weise konnte man zu der so langersehnten und überaus wünschenswerthen einheitlichen Gestaltung der Gewerkschaft gelangen. Gegenwärtig ist ein Zustand geschaffen, der nach vielen Richtungen hin Manches zu wünschen übrig läßt. Wir besitzen Gewerkschaften des älteren Rechts mit immobilen Kuxen, meist 128 an der Zahl, von denen mehr oder weniger jeder einzelne wieder in undenkbare Bruchantheile zerfällt, — daneben Gewerkschaften des neueren Rechts mit 100, 1000, 10,000 oder irgend einer sonstigen beliebigen Zahl beweglicher Kuxen. Durch die Vorschrift des § 235a ist das bis dahin festgehaltene Dezimalsystem durchbrochen; die Zahl der Kuxe kann, um die Umbildung zu ermöglichen, mit Genehmigung des Ministers für Handel, Gewerbe und öffentliche Arbeiten beliebig festgestellt werden.

Bei dieser Verschiedenartigkeit der Gestaltung der Gewerkschaft, bei der schwankenden Zahl der mobilen Antheile, worin die Gewerkschaften des neueren Rechts zerfallen, bei dem Umstande, daß das Gesetz nirgendwo, auch nicht in den neu eingefügten Paragraphen eine Verordnung darüber enthält, daß in dem zu ertheilenden Kuxscheine die Gesammtzahl der gewerkschaftlichen Antheile anzugeben sei, ist es unvermeidlich, daß das mit der gewerkschaftlichen Verfassung ohnehin im Allgemeinen weniger betraute Publikum Irrungen und Täuschungen mancher Art ausgesetzt ist. Diese Mißstände bringen es mit sich, daß die Form der Gewerkschaft des neueren Rechts sich nicht so einbürgert, wie sie es verdient. Die Erfahrung lehrt, daß das Publikum bei gleichartigen Bergwerksunternehmen, wovon das eine als Gewerkschaft, das andere als Aktiengesellschaft betrieben wird, sich mit Vorliebe dem Letzteren zuwendet.

Was nun die einzelnen neu eingefügten Paragraphen anlangt, so bezieht sich die Vorschrift des § 235a nur auf bestehende G e w e r k s c h a f t e n d e s ä l t e r e n R e c h t s; sie ist nach einem Ministerialbescheide vom 18. Januar 1876. Z. XVII. 126 nicht anwendbar auf den Fall der Annahme der gewerkschaftlichen Verfassung seitens einer in anderer Form bestehenden Gesellschaft, z. B. einer Aktiengesellschaft; eine solche Gesellschaft kann daher ebenso wenig wie eine Gewerkschaft des neuen Rechts auf Grund des § 235a die Zahl der zu kreirenden Kuxe auf mehr als 1000 bestimmen.

Der § 235 b macht die Umbildung der Gewerkschaft von der Bestätigung des betreffenden Gewerkschaftsbeschlusses durch das Oberbergamt abhängig. Nach der früheren Fassung des § 235 bedurfte es einer solchen Bestätigung nur dann, wenn bei der Umbildung die Zahl der Kuxen auf mehr als 100 festgesetzt wurde. cf. auch Ministerial-Bescheid vom 11. April 1866. Z. IX. 239.

Nach einem Bescheide des Appell.Gerichts zu Naumburg vom 25. September 1874. Z. XIX. 263 kann der in dem § 235 b vorgesehene Antrag des Oberbergamts auf Eintragung des Beschlusses von dem Grundbuchamte nicht deshalb abgelehnt werden, weil der Beschluß nicht in rechtsgültiger Weise zu Stande gekommen sei. Denn nach § 41 der Grundbuchordnung hat das Grundbuchamt dem auf Eintragung oder Löschung gerichteten Ersuchen einer zuständigen Behörde zu genügen, wenn diese Anträge nur den gesetzlichen Erfordernissen entsprechen, sich auch aus dem Grundbuche kein Hinderniß ergibt. Auf diese Prüfung hat sich das Grundbuchamt zu beschränken; der Antrag kann insbesondere nicht wegen vermeintlicher Mängel des dem Antrage zu Grunde liegenden Rechtsgeschäfts hinsichtlich seiner Rechtsgültigkeit beanstandet werden. Die Beurtheilung dieser Rechtsgültigkeit gehört zur Kompetenz der Behörde, welche auf Grund derselben den Antrag auf Eintragung oder Löschung stellt.

Die Eintragung des Beschlusses in das Hypothekenbuch hat die Folge, daß später eingetragene Gläubiger demselben unterworfen sind. Im Gebiete des Rheinischen Rechts bringt es die eigenthümliche Einrichtung der Hypothekenregister mit sich, daß dort ein solcher Beschluß überhaupt nicht eingetragen werden kann; mit Rücksicht hierauf und auf die ohne jede Eintragung bestehenden Privilegien des Rheinischen Rechts sind daher die besonderen Vorschriften der §§ 235c—235f nothwendig geworden.

Nach der Bestimmung des § 235g können die an den überschießenden Kuxtheilen betheiligten Gewerken über deren Zusammenlegung ein Uebereinkommen treffen, welches alsdann der Genehmigung der Gewerkschaft unterliegt; dieses Uebereinkommen setzt naturgemäß die Zustimmung aller Betheiligten voraus, während die Genehmigung desselben mittels Majoritätsbeschluß der Gewerken erfolgen kann. Andernfalls tritt der Verkauf der aus den überschießenden Kuxtheilen gebildeten ganzen Kuxen, und zwar nicht im Wege der Mobiliarversteigerung, sondern der Subhastation ein. Letzteres ist korrekt, weil die Mobilisirung der Kuxe erst nach stattgehabtem Verkaufe eintritt. Deshalb ist auch, wie das Appell.Gericht zu Hamm unterm 7. Oktober 1874. Z. XVII. 529 verfügt hat, im Falle der Subhastation der Subhastationsvermerk bei den Kuxtheilen im Grundbuche einzutragen. Auch ist dem Subhastationsrichter eine Abschrift des Grundbuchblattes zu ertheilen. Privilegirte Gläubiger des Rheinischen Rechts, Realberechtigte und Hypothekengläubiger, welchen die Kuxtheile hafteten, sind berechtigt, sich an den Kauferlös zu halten.

Die Umbildung der Gewerkschaft vollzieht sich nach einer Verfügung des nämlichen Gerichtshofes vom 20. September 1874. Z. XVII. 530 erst nach vollständiger Ausführung des Umwandlungsbeschlusses, so daß also namentlich vorher die nothwendige Subhastation oder die freihändige Veräußerung der zu ganzen Kuxen zusammenzulegenden überschießenden Kuxtheile bewirkt sein muß.

Ferner hat das Appell.Gericht zu Hamm unterm 25. September 1878. Z. XX. 382 die Verfügung erlassen, daß, wenn im Falle der Konsolidation von Bergwerken, unter gleichzeitiger Umwandlung der Gewerkschaften in eine Gewerkschaft neueren Rechts, auf Grund des oberbergamtlich bestätigten Beschlusses die Anlegung eines neuen Grundbuchblattes über das konsolidirte Bergwerk auf den Namen der Gewerkschaft beantragt wird, der Grundbuchrichter den Antrag nicht aus dem Grunde ablehnen darf, weil die überschießenden Kuxtheile vor bezw. nach dem Beschlusse freiwillig veräußert sind, ohne daß eine Auflassung stattgefunden hat.

52. § 236. Soweit nicht etwas Anderes vereinbart ist, haften den seitherigen Hypothekengläubigern die neuen Kuxe, welche an die Stelle der verpfändeten Antheile treten, in der unter denselben durch ihre Hypothekenrechte begründeten Rangordnung als Pfand.

Wo nach der Einrichtung des Hypothekenwesens die auf den gewerkschaftlichen Antheilen haftenden Hypotheken und anderen Realansprüche in der zweiten und dritten Rubrik des Hypothekenfoliums eingetragen sind, werden dieselben von diesem Folium wörtlich in die Kuxscheine übertragen.

Die Löschung dieser Vermerke erfolgt nach den für die Löschung im Hypothekenbuche maassgebenden Vorschriften.

Hiernach verwandelt sich das Hypothekenrecht des bisherigen Gläubigers in ein eigentliches Pfandrecht; um das gegen=

seitige Rechtsverhältniß mehrerer bisheriger Hypothekengläubiger unverändert zu erhalten, bleibt die durch ihre Hypothekenrechte begründete Rangordnung auch für die Befriedigung aus dem neuen Faustpfande maßgebend.

53. § 237. Ist ein Antheil nach §. 236. mit Pfandrechten, welche an die Stelle seitheriger Hypotheken getreten sind, belastet, so wird der darüber ausgefertigte Kuxschein, sofern nur Ein seitheriger Hypothekengläubiger vorhanden ist, diesem ausgehändigt, sofern aber zwei oder mehrere solche Gläubiger vorhanden sind, für diese von der Hypothekenbehörde (§. 239.) in Gewahrsam genommen und aufbewahrt.

Diese Vorschrift war nicht zu umgehen, weil ein jedes Pfandrecht die Besitzüberlassung des Pfandobjektes bedingt. Hiervon abgesehen würde aber auch durch die Aushändigung eines belasteten Kuxscheins an den Gewerken dem Gläubiger die Geltendmachung seines Rechts sehr erschwert werden. Verpfändete oder verkaufte der Gewerke z. B. den Kuxschein, so hätte der ursprüngliche Hypothekengläubiger behufs Geltendmachung seines Anspruchs gegen den Pfandinhaber oder den neuen Erwerber vorgehen müssen, was immerhin mit Unzuträglichkeiten verbunden gewesen wäre. Dem sollte die Bestimmung des § 237 vorbeugen. Allerdings wird dadurch gleichzeitig dem Gewerken die Möglichkeit genommen, den Kuxschein bis zur Tilgung der Hypothekenschuld weiter zu verpfänden. Es ist das ein unvermeidliches Uebel, das das Uebergangsstadium mit sich bringt, aber durch die herbeigeführte Mobilisirung des Kux reichlich aufgewogen erscheint.

54. § 238. Der Verkauf von Kuxscheinen Be-

hufs Befriedigung seitheriger Hypothekengläubiger erfolgt im Wege der Mobiliarversteigerung (§. 109.).

Der Versteigerungstermin ist sämmtlichen aus dem Kuxscheine ersichtlichen Realberechtigten bekannt zu machen.

Durch den Verkauf erlöschen alle Realansprüche auf den verkauften Antheil.

Der gelöste Kaufpreis wird unter die Gläubiger nach der Rangordnug ihrer Forderungen vertheilt.

Diese Anordnungen ergeben sich aus allgemeinen Rechtsgrundsätzen in Verbindung mit den §§ 109 und 236.

55. § 239. Wenn und so lange in Folge der Ausführung eines unter den §. 235. fallenden Beschlusses Antheile einzelner Gewerken mit Pfandrechten, welche an die Stelle seitheriger Hypotheken getreten, belastet sind, erfolgt die Führung des Gewerkenbuchs und die Ausfertigung der Kuxscheine (§§. 103. und 121.) durch die Hypothekenbehörde, welche das Hypothekenbuch über das Bergwerk selbst zu führen hat.

Eine dieser Gesetzesvorschrift entsprechende Bestimmung fehlt dem Berggesetze für Bayern; dort liegt also in dem fraglichen Falle die Führung des Gewerkenbuchs und die Ausfertigung der Kuxscheine der Vertretung der Gewerkschaft ob, und es erfolgt nach der Bestimmung des Art. 235 l. c. die Aufbewahrung der Kuxscheine über Antheile, welche zu Gunsten mehrerer seitheriger Hypothekengläubiger mit Pfandrechten belastet sind, durch einen von denselben zu bestimmenden Notar.

Im Bezirke des Rheinischen Rechts schließt die dort geltende Hypothekenverfassung die Anwendung der §§ 237 und 239 von selbst aus, und bleibt der Vertretung der Gewerkschaft nichts übrig, als das Gewerkenbuch zu führen und die Kuxscheine auszufertigen, auch wenn auf einzelnen Antheilen an Stelle früherer Hypotheken getretene Pfandrechte ruhen; sie ist dabei unter analoger Anwendung des Schlußsatzes des § 237 beim Vorhandensein von mehreren Gläubigern, denen ein Antheil als Pfand haftet, verpflichtet, den betreffenden Kuxschein zu asserviren.

Zu der Vorschrift des § 239 ist unterm 19. November 1866 die Preuß. Instruktion über das bei der Führung der Gewerkenbücher und Ausfertigung und Aufbewahrung der Kuxscheine seitens der Königl. Berg-Hypotheken-Kommissionen zu beobachtende Verfahren ergangen, Z. VII. 437, wonach insbesondere das Gewerkenbuch, welches auf dem Titelblatte den Namen und die Lage des Bergwerks, dessen Kuxeintheilung und die Bemerkung, in welchem Bande des Hypothekenbuchs dasselbe eingetragen ist, enthalten soll, in Aktenformat anzulegen, aus einer nach Bedürfniß zu bestimmenden Anzahl durchlaufend zu paginirenden Folien zusammenzuheften und in folgender Weise einzurichten ist:

Pag. 1.

Gewerkenbuch

über

das in der Gemeinde ..... im Kreise ..... Regierungsbezirk ..... und Oberbergamtsbezirk ..... belegene, in ..... Kuxe eingetheilte und im Hypothekenbuche Abth. ..... Band .. .. Seite ..... eingetragene ..... Bergwerk N. N.

Gewerke A. ..... (Namen, Stand, Wohnort.) Pag. 2.

Datum der Eintragung.	Besitztitel, Abschreibungs-Vermerke 2c.	Anzahl der Kuxe.	Kuxscheine sind ausgefertigt: am	wie viele	unter der Nummer	über Kuxe	Bemerkungen.
1865 1. Dezbr.	Aus dem Berggegen- und Hypothekenbuche hierher übernommen	50	1865 1. Dezbr.	3	Nr. 1—3	je 15	Kuxschein Nr. 1 belastet. Nr. 3 asservirt.
			„ „	1	Nr. 4.	5	Nr. 4 kassirt. cfr. G.A. fol.
			1866 15. Jan.	1	Nr. 4	5	als Erneuerung des kassirten Nr. 4.
1866 2. Febr.	Durch Vertrag vom .... 10 Kuxe vom Gewerken B. gekauft, daher pag. 3 ab- und hier zugeschrieben ...	10	2. Febr.	1	Nr. 5	10	

Gewerke B. ..... (Namen, Stand, Wohnort.) Pag. 3.

Datum der Eintragung.	Besitztitel, Abschreibungs-Vermerke 2c.	Anzahl der Kuxe.	Kuxscheine sind ausgefertigt: am	wie viele	unter der Nummer	über Kuxe	Bemerkungen.
1865 1. Dezbr.	Aus dem Berggegen- und Hypothekenbuche hierher übernommen	30	1865 1. Dezbr.	1	Nr. 1	20	Kuxschein Nr. 1 asservirt.
			" "	1	" 2	10	Nr. 2 kassirt. cfr. G.A. fol.
1866 2. Febr.	Durch Vertrag vom .... 10 Kuxe an Gewerken A. verkauft, daher hier ab- und pag. 2 zugeschrieben	10					
	bleibt Rest	20					

Gewerke C. ..... (Namen, Stand, Wohnort.) Pag. 4.

Datum der Eintragung.	Besitztitel, Abschreibungs-Vermerke 2c.	Anzahl der Kuxe.	Kuxscheine sind ausgefertigt: am	wie viele	unter der Nummer	über Kuxe	Bemerkungen.
1865 1. Dezbr.	Aus dem Berggegen- und Hypothekenbuche hierher übernommen	20					

Anlangend die Ausfertigung der entweder über die ganze Betheiligung des Gewerken oder über einzelne Kuxe desselben lautenden Kurscheine, so verfügt die gedachte Instruktion, daß die Kuxscheine der verschiedenen Gewerken ebenso wenig wie die einzelnen Kuxe selbst bestimmte fortlaufende und bleibende Nummern erhalten, daß vielmehr zur Bezeichnung und Unterscheidung derselben lediglich der über den Kuxschein zu setzende Namen des Eigenthümers des Antheils und die im Kuxscheine in Bezug genommene Pagina des Gewerkenbuchs dient; werden aber über die Betheiligung desselben Gewerken mehrere Kuxscheine ausgefertigt, so sind diese in der Ueberschrift zur Unterscheidung von einander mit ebenso vielen fortlaufenden Nummern zu versehen. Wird ein Kuxschein kassirt, so erfolgt die Ausfertigung des neuen unter derselben Nummer; der Vermerk über den kassirten Kuxschein wird im Gewerkenbuche gelöscht und die erfolgte Kassation in der Kolonne „Bemerkungen" unter Hinweis auf die Gewerkenbuchsakten notirt. Die Ausfertigung der Kuxscheine erfolgt in nachstehender Weise, und zwar, je nachdem die Antheile belastet sind oder nicht, mit oder ohne den Schlußvermerk über diese Belastung:

Kuxschein Nr. . . .

(falls über die ganze Betheiligung ein einziger Kuxschein ausgefertigt wird, so erhält derselbe keine Nummer)

des Gewerken . . . . (Namen und Stand) zu . . . . über . . . .

(folgt die ganze für den Gewerken unter der betreffenden Pagina des Gewerkenbuchs eingetragene Betheiligung oder der Theil derselben, über welchen der Kuxschein verlangt ist)

Kuxe des in . . . . Kuxe eingetheilten . . . Bergwerks . . . .

in der Gemeinde .... im Kreise .... Regierungsbezirk .... und Oberbergamtsbezirk ....

Im Gewerkenbuche des .... Bergwerks .... ist Pagina .... der .... (Namen, Stand und Wohnung des Gewerken) als Eigenthümer von .... (folgt die ganze unter dieser Pagina vorkommende Betheiligung) Kuxen verzeichnet.

Ueber diese ganze Betheiligung ist demselben gegenwärtiger einziger Kuxschein ausgefertigt; (oder wenn der Kuxschein nur über einen Theil lautet:) Ueber .... (folgt die Eingangs aufgeführte Anzahl) Kuxe von dieser Betheiligung ist demselben gegenwärtiger Kuxschein unter der Nummer .... (folgt die am Kopfende stehende Nr.) ausgefertigt.

(Haften frühere Hypotheken oder Realansprüche auf dem Antheile, so folgt hier der weitere Vermerk:)

Auf diesem Antheile haften folgende, bisher im Berggegen- und Hypothekenbuche auf dem Folium des Bergwerks, Abtheilung .... Band :... Pag. .... in der (zweiten) und (dritten) Rubrik eingetragen gewesene (Realansprüche) (und Hypotheken):

a. Rubrik II.

(Hier folgen die wörtlichen Vermerke.)

b. Rubrik III.

(Wörtlich.)

Urkundlich unter Siegel und Unterschrift.

..... den .. ten 18

(L. S.)

Königliche Berg-Hypotheken-Kommission.

Diese Formulare für die Einrichtung der Gewerkenbücher

und die Ausfertigung der Kuxscheine empfehlen sich auch den Repräsentanten und Grubenvorständen mit wenigen selbstverständlichen Modifikationen zur Nachachtung; nur dürfte, da die mobilisirten Kuxe sich nicht als Antheile an dem Bergwerke als solchem, sondern vielmehr als Antheile am Vermögensinbegriffe der Gewerkschaft, am Gewerkschaftsvermögen darstellen, in jenen Dokumenten nicht, wie das die behördlichen Formulare eigenthümlicher Weise thun, das Bergwerk als in Kuxe eingetheilt zu bezeichnen, sondern diese Bezeichnung auf die Gewerkschaft zu beziehen sein.

Es müßte also beispielsweise korrekt heißen:

Gewerkenbuch

der in .... Kuxe eingetheilten Gewerkschaft des in der Gemeinde .... im Kreise .... Regierungsbezirk .... und Oberbergamtsbezirk .... belegenen und im Hypothekenbuche Abth. .... Band :... Seite .... eingetragenen .... Bergwerks N. N.

und ferner

Kuxschein

des Gewerken .... zu .... über .... Kuxe der in .... Kuxe eingetheilten Gewerkschaft des .... Bergwerks .... 2c.

Anlangend die Berechtigung der Berg-Hypothekenbehörde, die Umschreibung von Kuxen in dem von ihr geführten Gewerkenbuche abzulehnen, so bietet nach einem Bescheide des Appell.Gerichts zu Hamm vom 28. Mai 1873. Z. XVII. 528 zu einer solchen Ablehnung die bloße Vermuthung, daß der Akt über die Cession der Kuxe in blanco ausgestellt, in dritte Hand gelangt und von dieser alsdann erst ausgestellt sei, keine Veranlassung. Dagegen bedarf es zu der Umschreibung im Gewerkenbuche der notariellen oder gerichtlichen

Beglaubigung der Unterschrift des bisherigen Gewerken unter dem Cessionsakte, es sei denn, daß eine öffentliche Behörde die Cession vorgenommen hat und letztere ordnungsmäßig unterschrieben und untersiegelt ist.

Nach der Verfügung des Appell.Gerichts zu Hamm vom 12. November 1873. Z. XV. 400 hat die Führung des Gewerkenbuchs und die Ausfertigung der Kuxscheine durch die Hypothekenbehörde nur dann zu erfolgen, wenn Faustpfandrechte, welche an Stelle seitheriger Hypotheken getreten sind, auf den mobilisirten Kuxen haften, nicht aber auch dann, wenn letztere lediglich mit anderen Realrechten behaftet sind.

56. § 240. In den Rechtsverhältnissen der Mitbetheiligten der bei dem Eintritt der Gesetzeskraft des gegenwätigen Gesetzes (Allg. Berggesetzes) in den linksrheinischen Landestheilen im Besitze mehrerer Personen befindlichen Bergwerke wird durch dieses Gesetz nichts geändert. Jedoch finden die Bestimmungen des §. 134. auch auf diese Bergwerke Anwendung.

Durch einen von einer Mehrheit von wenigstens drei Viertheilen aller Antheile gefassten Beschluss können die Mitbetheiligten eines solchen Bergwerks die im vierten Titel des gegenwärtigen Gesetzes (§§. 94. bis 132.) enthaltene gewerkschaftliche Verfassung annehmen, soweit nicht vertragsmässige Verabredungen entgegenstehen.

Der Beschluss ist notariell aufzunehmen.

Im Allgemeinen tritt demnach in den Rechtsverhältnissen der Mitbetheiligten eines vor dem 1. Oktober 1865 bereits im Besitze mehrerer Personen befindlichen Bergwerks in den linksrheinischen Landestheilen, wofür die Regeln des dort geltenden Civilrechts maßgebend sind, eine Aenderung durch das Allg. Berggesetz nicht ein, davon abgesehen, daß auf Grund des § 134 auch hier für die Bestellung eines Repräsentanten Sorge getragen werden muß, wenn die Vertretung des Bergwerks nicht schon durch die Allg. Gesetzgebung geordnet ist. Die Mitbetheiligten sind aber ebenso wie diejenigen einer rechtsrheinischen Gewerkschaft berechtigt, sich den Bestimmungen des vierten Titels des Allg. Berggesetzes in seinem ganzen Umfange zu unterwerfen.

Sachregister.

(Die Zahlen bezeichnen die Seiten.)

A.

B.

Druckfehler.

Auf Seite	24	Z. 2	von unten	lies	**Gotha** statt Koburg-Gotha.
„ „	26	Z. 7	„ „	„	**fand** statt findet.
„ „	„	Z. 3	„ „	„	**hafteten** statt haften.
„ „	31	Z. 7	„ oben	„	**Auflösung** statt Auslösung.
„ „	37	Z. 9	„ „	„	**Gewerkschaftsbetheiligungen** statt Bergwerkseintheilungen.
„ „	52	Z. 5	„ unten	„	**Beiträge** statt Beträge.
„ „	55	Z. 14	„ „	„	§ 131 statt § 181.

G. Pätz'sche Buchdr. (Otto Hauthal) in Naumburg a. S.

12) **Strafprozeßordnung nebst Gerichtsverfassungsgesetz für das Deutsche Reich.** Von Dr. A. Dochow, ordentl. Professor in Halle a. d. S. Zweite vermehrte und verbesserte Auflage. Cartonnirt 1 Mark 60 Pf.

13) **Konkursordnung mit Einführungsgesetz, Nebengesetzen und Ergänzungen.** Von R. Sydow, Landrichter in Halle a. d. S. Zweite vermehrte Auflage. Cartonnirt 80 Pf.

14) **Gerichtsverfassungsgesetz für das Deutsche Reich.** Von R. Sydow, Landrichter in Halle a. d. S. Cartonnirt 60 Pf.

15) **Gerichtskostengesetz und Gebührenordnung für Gerichtsvollzieher nebst der Novelle** vom 29. Juni 1881. **Gebührenordnung für Zeugen und Sachverständige. Mit Kostentabellen.** Von R. Sydow, Landrichter in Halle a. d. S. Zweite vermehrte Auflage. Cartonnirt 80 Pf.

16) **Rechtsanwaltsordnung für das Deutsche Reich.** Von R. Sydow, Landrichter in Halle a. d. S. Cartonnirt 40 Pf.

17) **Gebührenordnung für Rechtsanwälte.** Von R. Sydow, Landrichter in Halle a. d. S. Cartonnirt 40 Pf.

18) **Das Deutsche Reichsgesetz über die Reichsstempelabgaben** vom 1. Juli 1881. Von Gaupp, Regierungsrath und Stempelfiskal in Berlin. Zweite vermehrte Auflage. Cartonnirt 1 Mark 20 Pf.

19) **Die Seegesetzgebung des Deutschen Reiches.** Von Dr. jur. W. E. Knitschky, Landgerichtsrath zu Rostock. Cartonnirt 3 Mark.

Das

Reichs-Concursrecht

und

Concursverfahren

von

Dr. Hermann Fitting,

Geh. Justizrathe und Professor der Rechte in Halle.

Zweite unveränderte Auflage.

8⁰. 5 Mark 50 Pf. In Leinen geb. 6 Mark.

Dem Verfasser gebührt das Verdienst, die juristische Construction der Concursrechtsverhältnisse nach einer gründlichen Prüfung und theilweisen Richtigstellung zur Grundlage seines Lehrbuches genommen zu haben, welches in einem durchsichtigen, frisches Leben athmenden Systeme nicht blos in musterhafter Gliederung die Grundsätze des Concursrechtes kurz und bündig darlegt und deren Consequenzen meisterhaft entwickelt, sondern überall auch Grund und Zweck der einzelnen Normen untersucht, sowie geistreiche Constructionen und treffende Beurtheilungen der verschiedenen Concursrechtsverhältnisse enthält. **Das Werk bildet den 3. Band der bekannten und geschätzten „Lehrbücher des Deutschen Reichsrechtes“.**

Kolibri 360 GmbH
Ferdinand-Jühlke-Straße 7
99095 Erfurt, Deutschland
produktsicherheit@kolibri360.de